그린워싱 주의보

BOOK
JOURNALISM

그린워싱 주의보

발행일 ; 제1판 제1쇄 2022년 10월 24일
지은이 ; 이옥수 발행인·편집인 ; 이연대
디렉터 ; 신아람 에디터 ; 이다혜
디자인 ; 권순문 지원 ; 유지혜 고문 ; 손현우
펴낸곳 ; ㈜스리체어스 _ 서울시 중구 한강대로 416 13층
전화 ; 02 396 6266 팩스 ; 070 8627 6266
이메일 ; hello@bookjournalism.com
홈페이지 ; www.bookjournalism.com
출판등록 ; 2014년 6월 25일 제300 2014 81호
ISBN ; 979 11 92572 21 5 03300

이 책 내용의 전부 또는 일부를 재사용하려면
반드시 저작권자와 스리체어스 양측의 동의를 받아야 합니다.
책값은 뒤표지에 표시되어 있습니다.

북저널리즘은 환경 피해를 줄이기 위해
폐지를 배합해 만든 재생 용지 그린라이트를 사용합니다.

BOOK
JOURNALISM

그린워싱 주의보

이옥수

: 누군가는 녹색을 이야기하며 경제적 가치와 재무적 영향을 강조하는 것에 불편을 느낄 수도 있을 것이다. 하지만 적어도 나는 비재무적 성과를 재무적 성과보다 중요하게 생각하는 기업인은 만나본 적이 없다. 이제는 녹색과 금융, 두 관점을 종합한 시각에서 친환경 트렌드를 비판적으로 바라볼 때다.

차례

5

프롤로그   녹색이 돈이 되는 시대

지금으로부터 정확히 10년 전 나는 남미, 정확히는 페루에 위치한 아마존을 방문했다. 국제선을 타고 미국을 경유해 페루의 수도인 리마에 착륙한 후, 다시 국내선을 타고 지방 도시로 이동했으며 네 명만 탈 수 있는 자가용 비행기를 타고 또 한번 열대 우림 위를 날아 소도시에 도착했다. 이후 열댓 명이 탈 수 있는 소형 배에서 두 명만 탈 수 있는 나룻배로 갈아타고 작은 물길을 따라 노를 저어 가다 보니 드디어 목적지인 원주민 마을에 도착할 수 있었다. 내가 방문한 마을들은 한 번도 외지인, 심지어 같은 아마존 지역 내 다른 마을 사람들조차 방문한 적 없는 원주민 보호 구역이었다. 그들도 나와 동료들이 신기했는지 마을을 방문할 때마다 남녀노소 할 것 없이 모든 주민이 우리를 구경하러 나왔으며 플래카드와 축하 공연, 현지 음식 등으로 환대해 줬다.

아마존을 방문한 이유는 원주민들이 국제기구로부터 지원받아 친환경 사업을 개발할 수 있도록 돕기 위해서였다. 아마존의 몇몇 지역에선 남미의 슈퍼 푸드라고 불리는 '아구아헤Aguaje'라는 열매를 가공해 아이스크림, 주스, 화장품 등을 만들고 있었다. 이 제품들은 가공 과정에서 경유 발전기와 같은 설비를 작동해야 하는데, 연료 조달이 어렵고 환경을 파괴한다는 난점들이 있었다. 이에 각 마을 대표들이 원하는 것은 태양광 발전과 에너지 저장 장치를 결합한 친환경 에너지 설비였다. 또 다른 마을의 경우 아마존에서 잡은 물고기를 소도 시나 지방 도시에 내다 팔기를 원했는데, 그러기 위해서는 냉 동 창고가 필요했다. 열매를 가공하는 설비와 마찬가지로 냉 동 창고의 전력 조달이 어려웠고, 이들 마을 역시 친환경 에너 지 설비가 필요한 상황이었다. 그들과 국제기구를 연결해 주 는 미션을 수행하고자 에너지 전문가, 현지 전문가, 통역사 등 으로 구성된 팀에서 나는 녹색 금융 전문가 역할을 맡아 2주 간 아마존에 머물렀다.

밤에 달빛을 불빛 삼아 아마존 강에서 목욕을 하고 야 외 공터에서 텐트를 펼치고 잠을 자며 나는 아마존 마을의 대 표들과 기나긴 얘기를 나눌 수 있었다. 왜 자연과 더불어 살아 야 하는지, 왜 친환경 에너지 설비가 필요한지를 그들은 수차 례 강조했다. 한번은 다른 마을로 이동하는 길에 나룻배가 고 장 나서 아마존강 위에서 6시간을 표류한 적 있는데, 이때 넘 실대는 물살을 바라보며 원주민들의 삶과 가치관에 대해 현 지 전문가와 토론했던 기억이 아직도 생생하다. 페루를 포함 한 남미 지역은 대부분 스페인어를 사용하지만 원주민 마을 에서는 그들만의 언어를 쓰고 있었다. 이에 한국어-영어-스 페인어-원주민어 4개 국어의 통역이 필요했으며, 서로 대화 한 번을 주고받는 데 5분이 넘는 시간이 소요됐음에도 자신 들의 삶의 터전을 지키기 위한 친환경 에너지의 중요성을 거듭 강조하는 얘기를 들으며 나는 그들의 진정성을 느낄 수 있었다. 우여곡절 끝에 개발에 착수한 이 사업은 후에 유엔 산하 세계 최대 녹색 기금이자 약 10조 원의 자금을 운용하는 녹색 기후기금(GCF·Green Climate Fund)의 첫 번째 지원 사업으로 선정됐다.

10년이 지난 지금, 바야흐로 녹색이 대세다. 빌 게이츠가 기후 위기를 주제로 책을 출간하고[1] BTS가 기후 변화 대응에 동참을 호소하는 연설을 한다. 20대 대선 토론에서 친환경 분류 체계Green Taxonomy와 RE100Renewable Energy 100을 언급하고, 한국을 포함한 주요국들이 그린 뉴딜을 통해 녹색 분야에 수십 조, 수백 조 원의 대대적인 예산 지원을 한다. 애플, 구글, 삼성전자, 현대자동차 등 국내외 기업들이 친환경 기업으로 거듭나겠다고 앞다투어 선언하며, 전기차 시장을 선도하는 테슬라의 시가 총액은 벤츠, BMW 등 전통적인 내연차 회사들의 시가 총액을 아득히 앞지르고 있다.

누군가 환경 문제에 관심을 갖는 것만으로도 좋은 시절이 있었다. 하지만 이제는 녹색이 돈이 되는 시대다. 작년부터 국내 주요 화두로 떠오른 ESG 경영의 기원을 쫓아가 보면 결국 기존과 다른 금융의 움직임에 도달한다. 기후 금융, 즉 기후 변화를 막기 위한 자본의 움직임이 녹색 금융의 한 축으로 기업과 사회의 변화를 유인하고 있으며, 녹색 금융을 포괄하는 지속 가능 금융의 움직임이 지금의 ESG 시대를 만들었다.

오랫동안 이 분야에서 일해 왔던 사람으로서 이러한 시대의 변화가 반갑기도 하지만 한편으로는 기회를 틈타 녹색으로 위장하는 속칭 '그린워싱'이 만연하지 않을지 내심 우려가 된다. 녹색으로 둔갑했으나 실체를 들여다보면 기후 대응에 무관하거나 혹은 오히려 환경에 유해한 제품이나 서비스를 제공하는 것이다. 이에 '진짜 녹색'과 '가짜 녹색'을 구분하는 것이 어느 때보다 중요해지고 있다. 기후 변화를 막는 데 필요한 자금이 도리어 기후 변화를 촉발하는 산업에 흘러 들어가 사회적 피해를 유발할 수 있기 때문이다.

금융과 비즈니스를 배제한 채 기후 위기의 심각성만 강조한다면 두리뭉실한, 혹은 업계에서 적용하기 어려운 주장을 할 수밖에 없다. 그렇다고 진정성 없이 녹색 금융을 통해 수익을 창출하는 데만 집중하는 비즈니스적 관점은 사회를 충분히 설득하기 어렵다. 기후 위기에 실질적으로 대응하기 위해 필요한 것은 녹색과 금융, 두 분야를 아우르는 이해와 경험을 갖고 올바른 정보를 전달하는 전문가의 역할이다. 그러나 현시점엔 두 분야의 배경 지식을 갖춘 전문가가 부족하고, 상황이 이렇다 보니 관련 지식과 경험이 제한적인 사람들이 중재자 역할을 도맡고 있다.

내가 친환경을 비즈니스의 관점으로 처음 접근하기 시

작한 것은 2010년도 즈음이다. 당시 글로벌 회계 법인에 입사해 회계 감사 업무를 수행하던 중 녹색 분야에 대한 비전을 실감했고, 이후 기후와 지속 가능성 분야를 전담하는 컨설팅 부서로 이동했다. 처음에는 국내 주요 온실가스 다배출 기업들이 온실가스 감축 전략과 관리 체계를 구축하는 일을 자문했다. 2012년 유엔 산하 녹색기후기금 본사를 한국에 유치하고자 제안서 작성에 참여했고, 이후 남미 아마존을 포함해 온두라스 쓰레기 매립장, 우간다 시골 마을, 미얀마 산림 등 세계 각국을 돌아다니며 개발 도상국의 녹색 사업 개발에 참여했다. 이후 2015년 우리 정부의 기후 금융 자문 역할로 파리 기후협약에 참석하고, 2018년 국내 최초로 발행된 KDB산업은행 녹색 채권의 인증을 진행하는 등 지난 12년간 국제기구, 우리나라 및 해외 정부, 국내외 투자자 및 금융 기관, 글로벌 대기업에 다수의 자문을 수행해 왔다. 주변으로부터는 어려운 시험에 합격하여 얻은 안정적인 길을 놔두고 왜 전혀 무관해 보이는 일을 하냐는 말들을 들을 때, 회계사 동기들보다 낮은 보수가 찍힌 월급 통장을 들여다볼 때 '이게 맞는 건가'라는 생각이 들던 시기도 있었다. 하지만 기후 위기가 가장 시급하고 중요한 사회적 의제라는 확신과 함께, 기후 대응과 녹색 금융에 있어서만큼은 대체 불가능한 전문가로 성장하겠다는 의지하에 지금까지 경험을 쌓아 왔다.

그래서 이 책은 녹색과 금융, 두 관점을 종합한 시각에서 지금의 녹색 흐름과 그린워싱을 분석할 것을 제안한다. 정부 부처와 공공 기관의 관계자들, 금융업과 산업계의 경영진들, 국제기구 관계자 등 우리 사회의 의사 결정자들을 만나 이야기를 듣다 보면, 이들을 설득하기 위해선 현실적인 여건과 이해관계자들의 니즈를 종합적으로 고려한 솔루션이 필요하다는 깨달음을 얻는다. 물론 급진적인 환경 보호 주장이나 녹색 무용론과 같은 입장들 또한 우리 사회가 다양성에 기반한 발전을 꾀하는 데 의미가 있다. 다만 이 책은 녹색이라는 가치를 실행할 수 있는 가장 현실적인 방안을 토대로 사회를 조금씩이나마 변화시키는 것을 목표로, 녹색 트렌드와 그린워싱의 리스크를 객관적이고 정량적인 시각으로 분석하겠다.

최근 많은 언론에서 '친환경', '녹색', '에코', 'ESG' 등 지속 가능한 미래를 논하는 각종 용어들이 혼용되고 있다. 'ESG Environmental, Social, and Governance'는 업계에서 통용되는 가장 상위 개념인 '지속 가능성sustainability'을 투자자의 언어로 쉽게 표현한 것이다. 이 책에서는 ESG와 지속 가능성을 동일한 의미로 사용했다. 한편 '친환경'은 ESG에 포함된 환경·사회·지배 구조 중 환경 분야를 지칭하는 용어로, 이 책에선 편의상 '녹색green', '에코eco' 등의 대중적인 용어와 같은 의미로 사용했다.

친환경 정책과 사업은 단기간에 정착할 수 있는 것이 아니다. 그러다 보니 급속한 경제 성장 과정에서 단기 의사 결정에 익숙한 사람들에게는 쉽게 와닿지 않을 수 있다. 하지만 이제는 사회의 주요 의사 결정자들도 탄소 중립이나 ESG와 같은 단어에 익숙하며, 올바른 이정표만 잘 제시한다면 서서히 하지만 확실한 친환경 성과가 드러날 것이다. 기후 위기가 시대적 의제로 떠오르는 지금, 정책 입안자와 행정가들이 올바른 정책 의사 결정을, 투자자와 기업이 올바른 투자 의사 결정을, 시민들이 올바른 선택과 소비를 하는 데 이 책이 조금이나마 도움이 되었으면 하는 바람이다.

1　　　　　왜 지금 녹색인가

기후 세대, 1.5도를 논하다

1992년 6월 브라질 리우데자네이루에서 열린 지구 정상 회의Earth Summit는 185개국 정부 대표단과 114개국 정상 및 정부 수반들이 참여해 지구 환경 보전에 대해 논의하는 자리였다. 전 지구적 공동 노력으로 해결할 환경 문제로 '기후 변화', '생물 다양성', '산림 보전'이 선정됐고 관련 협약과 원칙도 만들어졌다. 환경 문제를 자체적으로 해결하기 어려운 개발 도상국을 지원하기 위한 지구환경기금(GEF·Global Environment Facility) 또한 여기서 출범해, 지난 30년간 전 지구적 환경 문제에 수십조 원의 자금을 무상 지원해 왔다.

이처럼 '친환경'은 국제 사회의 관점에선 새롭게 대두되는 이슈가 아니다. 유럽을 중심으로 한 선진국은 이미 오래 전부터 기후 대응에 관심을 보여 왔으며, 이러한 움직임에 발맞춰 국제적인 협약 체결 및 후속 조치가 진행되고 있는 상황이다. 그렇다면 우리나라에서는 왜 이제서야 각종 정책과 마케팅에서 녹색이 대세가 되고 있는 걸까? 환경에 대한 시민 의식, 속칭 '녹색 시민 의식'은 왜 우리나라에서 특히 극적으로 이뤄졌을까? 그 배경엔 한국의 시대 상황과 맞물린 MZ세대의 등장이 있다.

그간 녹색 사업 개발이나 녹색 분야 국제회의 참석을 위해 아프리카 최빈국부터 북유럽 선진국까지 다양한 국가를 방문해 오며 느낀 것은, 사회의 발전 단계에 따라 시민들의 주된 관심사가 함께 변한다는 것이다. 아마존 열대 마을과 같이 아직 산업화가 이뤄지지 않은 사회에서는 필연적으로 자연과 공존하는 삶을 살며 환경 보존에 큰 관심을 가진다. 반면 성장에 막 돌입한 사회는 경제 발전을 우선적인 목표로 두고 다른 이슈는 최소한으로 다루거나 때로는 외면한다. 이후 산업화의 어느 궤도에 진입하며 인권, 소득 불평등을 비롯한 사회 문제를 논의하기 시작한다. 사회적 안전망이 어느 정도 구축되면 그제야 비로소 지속 가능한 미래를 구축하고자 적극적인 행동에 나선다. 바로 이 단계가 우리나라가 경제 발전과 사회 갈등을 거쳐 대중들이 점차 기후 위기에 관심을 갖고 목소리를 내게 된 현시점이 아닌가 싶다.

한국은 단기간에 압축적인 경제 성장과 사회 안전망 구축을 이룬 대표적인 나라다. 1961년 최초의 경제 개발 5개년 계획을 수립한 후 1960~70년대에 급격한 경제 발전을 이루고 1980년대에는 5·18민주화운동을 필두로 사회 문제에 대한 관심이 본격화했다. 이후 사회 보장 제도의 기틀이 점차 마련된 2010년대에 들어서며, 일반 시민들도 환경 문제에 관심을 보이기 시작한 시기와 맞물려 세계 최대 환경 단체 그린피스Greenpeace 또한 2011년에 서울 사무소를 개소했다.

최근에는 이 흐름과 더불어 MZ세대의 등장이 친환경

에 대한 시민 의식의 저변을 확대하고 있다. 경험과 취향을 중시하고 정치적 올바름과 진정성에 대한 관심이 높은 세대. 그들이 관심을 갖는 올바름과 진정성의 영역에선 '녹색'을 빼놓을 수 없다. 2022년 3월 대한상공회의소가 MZ세대 남녀 380명으로 대상으로 시행한 설문 조사 결과에 따르면 "가격을 더 지불하더라도 환경에 도움이 되는 제품을 구매하겠다"는 응답자 비율이 60퍼센트 이상이었다. 또한 한국투자증권이 2022년 6월 발간한 〈2022 MZ세대 투자인식 보고서: MZ는 어떻게 생각할까?〉에 따르면 MZ세대는 ESG 요소 중 '환경'을 가장 중시하며, 기업이 가장 주력하는 ESG 분야 역시 '환경'이라고 응답했다. 이러한 시대 변화에 발맞추고자 기업들은 앞다투어 친환경 제품과 서비스를 출시하고, 녹색을 강조하는 마케팅에 열을 올리고 있다. 종합해 보면 사회 문제에 목소리를 내기 시작한 한국의 시대 상황과 MZ세대의 등장이 결합하며, 최근 2~3년간 우리나라에선 녹색에 대한 관심이 폭발적으로 증가하는 현상이 나타나고 있다.

하지만 이것만으로는 지금의 녹색 열풍을 온전히 이해하기는 어렵다. 이런 사회 변화가 개별 소비자를 대상으로 하는 B2C Business-to-Customer 산업의 변화를 설명할 수는 있으나, 기업 간 비즈니스가 주업인 B2B Business-to-Business 산업이나 정부 대상 비즈니스를 진행하는 B2G Business-to-Government 산업의 변화를 설명하는 데는 한계가 있기 때문이다. 최근 들어 음식 료품과 패션 등 대중에게 친숙한 B2C 산업보다 도리어 반도 체, 철강, 석유 화학, 전력 등 개별 소비자와 직접적인 접점이 없는 B2B와 B2G 산업에서 적극적으로 녹색 비전을 선포하 고 녹색 경영을 추진하는 흐름을 보이고 있다. 도대체 무슨 이 유일까?

이에 대한 해답을 찾기 위해선 앞서 언급한 지구환경기 금이 지원해 온 다음 여덟 개 분야를 살펴볼 필요가 있다. 다 음 분야들은 지구의 땅, 숲, 물, 공기를 보전하면서 인류가 만 들어 낸 유해 물질을 최소화할 때 필수적으로 고려해야 하는 항목들이다.

①산림 보전
②토지 황폐화
③수자원
④기후 변화
⑤오존층 파괴 물질
⑥화학 물질 및 폐기물
⑦잔류성 오염 물질(POPs · Persistent Organic Pollutants)[2]
⑧생물 다양성

여기서 네 번째 항목, '기후 변화'에 주목해 보자. 미국 바이든 정부 출범 이후로 지구가 이상 기후 증상을 보인다는 사실 자체에 의문을 제기하는 전문가는 거의 없었다. 기후 변화는 이미 해외 학계에서 어느 정도 논의가 일단락된 주제이며, 유튜브에 '기후 변화'라는 키워드를 검색하면 국내 유명 과학자들이 기후 변화를 설명하는 영상 또한 쉽게 찾아볼 수 있다. 우리가 주목해야 할 점은 '기후 변화가 진실인가'가 아닌, '왜 기후 변화가 다른 모든 환경 문제 중에서도 가장 중요한 문제로 대두됐는가'이다.

가장 쉬운 대답은 우리에게 남은 시간이 얼마 없기 때문이다. 흔히 환경 이슈를 논할 때, 우리는 환경을 보호하지 않으면 지구가 당장 멸망할 것이라는 심각한 공포를 토대로 논의하지는 않는다. 앞서 말한 여덟 개 항목 중 중 대다수는 인류가 점진적으로 해결할, 그리고 언젠가는 해결할 수 있는 문제로 여겨진다. 하지만 기후 변화는 다르다.

최근에 여러 매체에서 '2050 넷제로Net-Zero', '2050 탄소 중립Carbon Neutral'과 같은 키워드가 빈번하게 등장한다. 구체적으로 '2050'이라는 숫자를 제시하는 이유는 기후 변화를 막기 위해 우리에게 실질적으로 남은 시간은 30년도 채 되지 않는다는 걸 강조하기 위함이다. 산업 혁명 이후로 인류는 땅속 깊이 묻혀 있던 석탄, 석유, 천연가스를 대량으로 사용하며 발전을 이룩해 왔다. 화석 연료로 대량의 온실가스를 방출해 지구의 기온을 높였으며, 그 업보로 기후 위기에 직면하게 됐다. 이를 해결하기 위해 2015년 12월 프랑스 파리에서 열린 제21차 유엔기후변화협약 당사국 총회UNFCCC COP21에서 195개의 당사국이 참여한 가운데, 파리기후변화협약 The Paris Agreement이 채택됐다. 협약의 핵심은 산업화 이전 대비 지구 평균 기온이 상승하는 폭을 2도보다 낮은 수준으로 유지하고, 가능하다면 1.5도 이하로 제한하고자 노력한다는 것이다.

온실가스 감축을 위한 '2도 목표'를 달성하지 못하면 돌이킬 수 없는 피해를 직면해야 한다는 위기감은 선진국의 정부 부처 개편에도 영향을 미쳤다. 대표적으로 영국과 호주에는 환경부와 별도로 기후에너지부가 마련돼 있다. 영국의 에너지기후변화부(DECC·Department of Energy & Climate Change)는 기업부의 '에너지' 업무와 환경부의 '기후 변화' 업무를 따로 떼어 만든 하나의 정부 부처로, 2008년 출범 이후 화석 연료를 친환경 에너지로 바꾸는 에너지 전환을 도모하고 있다. 호주 역시 같은 이유로 2022년 기후변화에너지환경수자원부(DCCEEW·Department of Climate Change, Energy, the Environment and Water)라는 정부 부처를 신설해 문자 그대로 기후 변화, 에너지, 환경과 수자원에 대한 정책을 세부적으로 검토 및 시행하고 있다.

최근 친환경 경영에 선제적으로 대응하는 기업은 주로 온실가스 감축 의무가 엄격히 부과된 B2B나 B2G 기업들이다. 물론 녹색 시민 의식에서 촉발한 고객사의 요구를 반영하고자 B2C 산업 내에서 B2B로 녹색 경영을 추진하는 경우도 존재하지만, 대다수의 경우 온실가스를 다배출하는 일정 규모 이상의 기업들이 해당한다. 덴마크 국영 에너지 기업 오스테드Orsted의 경우 원래는 석유 가스 기업으로, 본래 기업명은 덴마크석유가스공사(DONG·Danish Oil and Natural Gas)였다. 그러나 배출권 거래제가 시작된 2005년 이후 화석 연료를 대량으로 사용하는 유럽 기업들은 온실가스를 줄이라는 정부와 시민 단체의 압박에 직면하게 됐다. 이에 오스테드사는 전통 에너지 산업의 위기를 도리어 기회 삼아 10년간의 노력 끝에 2022년 전 세계 해상 풍력 발전의 30퍼센트를 개발하는 세계 최대 해상 풍력 에너지 기업으로 거듭났으며, 세계 경제 포럼(WEF·World Economic Forum)에서 세계 1위의 지속 가능 경영 기업으로 선정됐다.

우리나라는 어떤가? 국내 대표적인 온실가스 다배출 산업 분야로는 화력 발전, 철강, 시멘트, 석유 화학, 정유, 반도체, 디스플레이 관련 산업 등이 있다. 또한 제품 이용 단계에서 화석 연료를 사용하는 자동차, 항공, 선박 산업이나 데이터 센터에서 대량의 전력을 사용하는 IT 산업 역시 깊게 연관돼 있다. 한 가지 다행스러운 점은, 앞서 언급한 여덟 가지 환경 분야 중 기후 변화는 비교적 관리해야 할 유해 물질이 단순하다는 것이다. 이미 많은 사람들이 알고 있는 이산화 탄소를 비롯해서 메탄, 아산화 질소 등을 포함한 소위 '6대 온실가스' 배출을 줄이는 것이 녹색 혁명의 시작이며, 현재로선 B2B 혹은 B2G 기업이 그 주축에 서 있다.

지속 가능 금융의 등장

환경 및 기후 변화에 관심을 가져 온 사람이라면 여기서 또 다른 의문이 들 수 있다. 기후 변화를 새로운 의제라고 할 수 있을까? 1992년 지구 정상 회의에서 이미 기후변화협약을 체결했고, 이후 교토의정서를 거쳐 파리협약까지 기후 변화를 막기 위한 움직임은 계속되지 않았는가. 왜 지금, 단순히 녹색이 회자되는 시대를 넘어 정부 정책과 산업에서 녹색이 대세인 시대가 도래했나?

이에 대한 해답은 기후 금융에서 찾을 수 있다. 기후 금융은 온실가스를 감축하거나 기후 변화에 대한 적응력을 향상하는 활동에 대한 투자 및 금융 상품을 통칭하는 말이다. 기후 금융에 기후 변화 외 다른 환경 문제를 아우르는 녹색 활동이 추가되면 '녹색 금융'으로 부르며, 이러한 녹색 금융에 사회 가치 창출 활동이 추가되면 '지속 가능 금융'이라는 개

넘으로 확장한다.

선진국 내 기후 변화를 막기 위한 움직임은 기업의 온실가스 배출 규제를 중심으로 시작했다. 대표적으로 유럽연합은 2005년부터 유럽 온실가스 배출권 거래제(EU ETS·EU Emission Trading System)를 통해 온실가스를 일정 수준 이상으로 배출하는 기업에 매년 목표 감축량을 부여해 왔다. EU ETS가 규제하는 기업들은 온실가스를 배출할 수 있는 권리, 즉 배출권을 온실가스 원단위tonCO2eq로 받게 된다. 기업이 기존에 배출하던 온실가스보다 적은 양의 배출권을 할당 받고, 그만큼의 온실가스 양을 감축하는 방식이다. 이처럼 기업 자체적으로 온실가스를 감축해 나가야 하는 상황에서, 어떤 기업은 성공적 감축을 통해 배출권이 남는 반면 어떤 기업은 배출권이 부족한 상황에 직면한다. 이 경우 배출권이 부족한 기업은 다른 기업이 보유한 여유분의 배출권을 구매해서 정부가 부과한 감축 목표를 달성해야 하며, 목표를 달성하지 못할 시 벌금을 지불하게 된다.

우리나라는 EU가 온실가스 배출권을 도입한 지 10년이 지난 2015년에 한국형 배출권 거래제K-ETS를 도입했다. 대표적으로 포스코, 현대제철, 삼성전자, 한국전력공사 산하 공기업 등이 적용을 받았다. 배출권 거래제 외에도 독일, 스위스, 노르웨이 등 EU 국가들은 온실가스를 배출하는 만큼 세금을 부과하는 탄소세Carbon Tax를 도입했는데, 특히 노르웨이의 경우 이미 1991년부터 탄소세를 부과해 왔다. 최근에는 EU와 미국을 중심으로 탄소세를 관세 형태로 부과하는 탄소 국경 조정 제도(CBAM·Carbon Border Adjustment Mechanism)에 대한 논의도 진행 중이다.

다만 이러한 규제들만으로는 기후 변화를 막는 데 한계가 있다. 규제 강도를 높일 때는 늘 산업계의 반발이 뒤따르며, 대중적 공감대를 형성하는 데도 어려움이 따르기 때문이다. 폐수, 미세 먼지 등 육안으로 보기에도 충분한 경각심을 일으킬 수 있는 다른 환경 오염 물질과 달리, 온실가스는 대중 입장에서 그 심각성을 체감하기 어렵다. 특히 우리나라와 같이 수출 주도 경제 성장을 이뤄 온 국가의 경우, "정부의 규제 강도가 높아 국내 기업들의 글로벌 경쟁력을 약화한다"는 비판에서 자유롭기 어렵다. 만일 기후 변화를 막기 위한 움직임이 규제 중심으로 진행됐다면 지금과 같이 녹색이 대세가 되기는 어려웠을 것이며, 오래전부터 규제를 시행해 온 선진국의 정책 의사 결정자들 또한 이런 한계를 느꼈을 것이다. 여기서 기후 금융이라는 새로운 움직임이 생겨나게 된다.

기업에는 다양한 이해관계자가 존재한다. 내부 이해관계자로는 대표적으로 임직원이 있을 것이고, 외부에는 내부보다 훨씬 더 다양한 이해관계자들이 존재한다. 그렇다면 기업에게 가장 중요한 외부 이해관계자는 누구일까? 기업의 핵심 의사 결정에 영향을 미치는 외부 이해관계자를 세 유형만 꼽는다면 나는 투자자, 고객, 정부를 선택하겠다. 기업이 처한 환경에 따라 이해관계자 대응에 차이는 있겠지만, 어떠한 기업도 이 세 집단의 요구를 완전히 무시할 수는 없다. 기업을 진정으로 변화시키기 위해선 투자자, 고객, 정부가 기업에게 한목소리를 내야 한다. 정부는 이미 기업이 온실가스를 감축하도록 규제를 시행해 왔던 반면, 기존 투자자와 고객은 이를 적극적으로 요구한 적이 거의 없었다. 이에 따라 기업 측에서도 규제를 준수하는 소극적인 수준에 그쳐 왔다.

하지만 이제는 투자자들이 나서서 기업의 온실가스 감축을 요구하고 있다. 기업이 기후 변화로 인한 리스크와 기회 요인을 파악하고, 이에 따른 재무적 영향을 측정해 기업 가치에 반영할 것을 기대한다. 2020년 1월 세계 최대 자산 운용사인 블랙록BlackRock의 CEO, 래리 핑크Larry Fink가 보낸 연례 서한은 우리나라의 녹색 금융과 ESG 열풍을 촉발하는 하나의 큰 계기였다. 래리 핑크는 "기후 변화와 지속 가능성을 고려하지 않는 기업에는 투자하지 않겠다"고 밝혔으며, 이러한 투자자 서한은 국내 기업의 경영진에게 새로운 충격으로 다가왔다. 과거엔 지속 가능성이 기업 내 실무자 단계에서 '문제가 없는 선에서 잘 처리하면 되는' 이슈였다면, 이젠 경영진이 투자자 대응을 위해 신경 써야 하는 핵심 안건으로 격상한 것이다.

결국 네거티브 규제만으로는 기후 변화를 막을 수 없다고 생각한 선진국 정책 의사 결정자들은 자본의 힘을 활용하기로 결정했다. 연금 기금 등 선진국의 기관 투자자들은 글로벌 금융 시장의 큰손이다. 이러한 기관 투자자들이 나서서 기후 변화에 대응하지 않는 기업에는 투자 규모를 줄이겠다는 방침을 세운다면 자산 운용사, 사모 펀드, 은행 등 관련 금융 기관에도 영향을 미친다. 기후 금융이 금융 시장의 새로운 규범으로 작동하는 것이다.

투자자 요구는 기업의 자체 생산 설비에만 국한되지 않는다. 해당 기업의 협력사에도 영향을 미쳐, 해외 기업들의 협력사로 있는 국내 기업에게도 동일한 수준의 책임을 요구한다. 결국 선진국 기관 투자자로부터 촉발한 기후 금융의 움직임이 금융 기관과 고객을 통해 국내 기업에게 직접적인 압박으로 다가오는 것이다.

이러한 움직임에 발맞추어 기후 금융, 정확히는 기후 변화로 인한 재무적 영향을 투자자에게 공시하도록 요구하는 정부 규제(TCFD·Task Force on Climate-Related Financial Disclosures)가 탄생했다. 이로써 투자자, 고객, 정부가 기업이 기후 변화에 대응할 것을 한목소리로 요구하게 됐다. 기존부터 중요하게 논의돼 온 기후 변화 의제와 더불어, 기업을 운영하고자 자본의 힘을 얻으려는 움직임이 얽히며 지금의 ESG 열풍이 도래한 것이다.

현 ESG 열풍의 탄생을 분석할 때 앞으로 이뤄질 일들을 예측하는 것도 가능하다. 투자자의 입장에서 결국 가장 중요한 것은 재무 성과와 기업 가치다. 투자자들은 정성적인 수치, 거칠게 표현하자면 '장황하게 말로 설명하는 것'을 선호하지 않는다. 투자 의사 결정에 즉각적으로 활용 가능한 정량적 수치, 가능하다면 화폐 가치화된 수치를 기대한다. 그리고 이러한 투자자의 요구를 가장 잘 반영할 수 있는 것이 여러 ESG 이슈 중에서도 기후 변화다. 즉 기후 변화라는 이슈가 가진 재무적 특성을 잘 이해하는 것이 녹색과 ESG 시대의 미래 방향성을 예측하는 데 중요하다.

그렇다면 기업들이 기후 변화를 막는 데 동참하고, 녹색 경영을 하며, 더 나아가 사회적 책임을 다하도록 요구하는 것이 왜 어려울까? 철저히 투자자 관점에서 본다면, 기업이 이러한 활동을 하는 것이 결국 재무 성과와 기업 가치에 얼마큼 영향을 미치는지 산정하는 것 자체가 어렵기 때문이다. 기업도 사회의 한 구성원인 만큼 사회 발전을 도모하고 사회적 손실을 최소화하는 방향으로 운영해야 한다는 얘기는 누구나 쉽게 공감할 수 있다. 하지만 투자자를 통해 기업을 움직이고자 한다면, 이러한 단순한 접근은 한계에 부딪친다. 기업의 환경·사회·지배 구조 관련 활동이 어떠한 재무적 영향으로 연결되고, 궁극적으로 기업의 가치를 제고할 활동인지를 정량적으로 분석할 때 투자자들은 비로소 기업을 움직일 힘을 갖는다.

대부분의 ESG 이슈가 까다로운 것이 바로 이 부분에서다. 예컨대 사회 취약 계층을 지원하거나 인적 다양성을 존중하는 것이 해당 기업의 재무적 성과에 어떠한 영향을 가져다줄지 숫자로 제시하는 것은 현실적으로 쉽지 않다. 환경 문제역시 마찬가지다. 환경 오염 물질을 적게 배출하면 벌금은 면할 수 있다. 그러나 기업에게 그 외에 어떤 재무적 영향을 안겨 주는지 분석하긴 어렵다. 경제학적 관점으로 보자면 기업이 사회에 미치는 외부 효과externality[3]를 재무적으로 측정하기가 어렵다.

다만 기후 변화는 다른 환경, 사회 문제 대비 외부 효과를 내재화하여 재무적 가치로 전환하기 좋은 특성을 가지고 있다. 앞서 설명한 바와 같이 기후 변화를 막기 위해 가장 중요한 것은 기후 변화의 주범인 온실가스를 줄이는 것이기 때문이다. 따라서 '온실가스'라는 단일 물질이 사회에 미치는 부정적 외부 효과를 재무적 가치로 환산해 기업 가치에 내재화하는 시스템이 존재한다면, 이를 투자 의사 결정에 반영할 수 있다.

새로운 시스템을 얘기하는 것이 아니다. 이미 세계 각국에서 시행 중인 온실가스 배출권 거래제가 바로 여기에 해당한다. 온실가스 배출권 거래제의 진정한 가치는 기업에게 온실가스 배출 감축의 의무를 부과하는 것이 아니다. 온실가스라는 환경 유해 물질의 가치와 비용을 재무적으로 환산할 수 있는 '토대'를 제공하는 것이다. 2022년 현재 EU는 온실가스 1톤당 약 80유로로, 한화 11만 원의 비용을 지불하고 배출권을 구매하도록 한다. 반대로 온실가스 1톤을 감축할 수 있는 기업의 경우, 다른 기업에게 배출권을 판매해 해당 금액만큼의 수익을 창출할 수 있다. 배출권의 가치는 시장 참여자를 통해 형성되며, 수요와 공급의 원리에 따라 계속적으로 변한다. 과도기적으로는 탄소 국경 조정 제도를 통해 국가 간 배출권 가격 차이를 조정하는 작업이 관세 부과 형태로 진행될 것이며, 향후 모든 국가에서 배출권 거래제를 실행하고 이를 연동하는 국가 간 협약을 체결할 경우 탄소 배출권은 석유나 비트코인과 같이 전 세계적인 호환성을 갖게 될 것이다.

즉, 배출권 거래제는 투자자들이 기업의 온실가스 배출량을 의사 결정에 반영하기 위한 정량적 기반이다. 최근 ESG 관련 가장 중요한 화두는 국제회계기준(IFRS·International Financial Reporting Standards) 재단이 설립한 국제지속가능성 기준위원회(ISSB · International Sustainability Standards Board)의 지속 가능성 기준이다. 기존의 ESG 기준이 정부 기관, 시민 사회 단체, 임직원 등 기업의 모든 이해관계자를 대상으로 정보를 공개하는 것에 초점을 맞춰 온 반면, 이 기준은 투자자를 대상으로 한 정보 공개에 초점을 맞추고 있다. 다시 말해 ESG 이슈 중에서도 투자자가 가장 관심을 갖는 기업의 재무 성과에 영향을 미칠 부문에 집중하며, 정량적 환산이 가장 용이한 기후 변화 이슈에 대한 기준을 마련하고 있다.

전통적으로 기업은 회계 기준에 기반한 재무제표financial statement를 통해 재무 성과를 측정해 왔으며, 회계 법인의 외부 감사를 통해 그 신뢰성을 인증받았다. S&P, 무디스, 피치와 같은 글로벌 신용 평가사들은 재무 성과를 토대로 기업에게 신용 등급을 부여했고, 투자자들은 이러한 정보를 활용해 투자 의사 결정을 진행했다.

유사한 시스템이 녹색과 ESG 이슈에도 마련될 것이며 향후 기업은 지속 가능성 기준에 기반한 지속 가능 제표sustainability statement를 통해 재무적 영향을 미치는 성과를 측정하고 공시하는 의무를 갖게 될 것이다. 이미 미국은 증권거래위원회(SEC · Securities and Exchange Commission)에 상장한 기업을 대상으로 온실가스 배출량을 측정해 의무적으로 공시하도록 하는 규제의 초안을 2022년 4월 마련했다. 상장 기업들은 자사 온실가스 배출량의 공신력을 입증하기 위해 의무적으로 외부 기관의 인증을 받아야 한다. 이처럼 기후 변화뿐 아니라 여러 분야에서도 이러한 정산 및 거래, 감시 시스템이 작동해야만 그린워싱을 방지하는 사회적 안전 장치가 마련됐다고 말할 수 있을 것이다.

이제는 녹색도 데이터다

녹색 성과 창출은 단순히 기업의 이미지를 제고하는 효과를 넘어 자금을 확보하고 수익을 창출하는 데 직접적인 영향을 미친다. 상황이 이렇다 보니 기존에는 녹색에 관심이 없던 기업의 경영진들이 이제는 나서서 녹색의 중요성을 이야기하고 있다. 이에 대한 부작용으로 대두되는 것이 그린워싱이다.

그린워싱Greenwashing이란 친환경이라고 볼 수 없는 제품이나 서비스를 녹색으로 포장 또는 위장하여 커뮤니케이션하는 행태를 의미하며, 소위 '위장 환경 주의'로 불린다. 그린워싱이 오늘날 하나의 현상으로 굳어진 것은 녹색이 일종의 뉴 노멀로 자리 잡고 있기 때문이다. 녹색 금융이라는 새로운 시대의 드레스 코드를 제대로 갖추지 못하는 기업은 자본 시장에 입장하는 것조차 불가능한 사례가 생겨나고 있다. 실제로 1000조 원 이상의 자금을 운용하고 있는 세계 2위 연기금 노르웨이 국부펀드(GPFG·Government Pension Fund Global)는 반-녹색에 해당하는 투자 금지 기업을 지정했는데, 국내 기업으로는 석탄 발전소를 운영하는 한국전력과 담배를 생산하는 KT&G 등이 포함됐다. 국내 최대 연기금인 국민연금의 경우 책임 투자를 위해 투자 대상 기업에 대한 ESG 평가를 수행하고 있으며 ESG 이슈가 존재하는 기업에 대해서는 주주 활동을 통해 개선을 요구하고 있다. 또한 투자 제한 대상 1순위로 온실가스 배출의 주범인 석탄 기업을 선정하고 상세 가이드라인을 수립하고 있다.

단순히 벌금을 부과하거나 자금을 끊는 네거티브 접근은 기업의 녹색 활동을 유인하는 데 한계가 있다. 리스크 관리와 안정적인 이익 창출도 기업에게 중요한 요소지만, 기업 경영자들이 가장 관심을 갖는 것은 회사의 성장과 이를 위한 신사업 발굴이다. 기후 변화를 막는 데 기여하고 친환경 성과를 창출하는 제품과 서비스를 제공하는 것이 기업에게 매력적인 사업 영역이 된다면, 정부 차원의 압박이나 규제 없이도 기업들이 앞다투어 해당 사업에 뛰어들 것이다. 보다 구체적으로, 이러한 사업을 영위하는 기업에게 투자자가 몰리고 이 자금으로 해당 기업이 지속 가능한 비즈니스 모델을 구축할 수 있다면 그린워싱이 아닌 유의미한 성과의 프로젝트가 속속들이 등장할 것이다.

테슬라가 변화시킨 자동차 시장이 대표적이다. 지속적

인 적자에도 투자자들은 테슬라에 대한 투자를 멈추지 않았으며, 결국 테슬라는 내연차 시대가 저물고 전기차 시대가 도래하는 데 결정적인 역할을 했다. 전기차를 필두로 에너지 저장 장치, 태양광 발전으로 이어지는 사업을 통해 2020년 한 해 동안 총 500만 톤의 온실가스를 줄이는 데 기여했으며, 2021년에는 동 수치가 840만 톤으로 증가했다. 이렇듯 실질적 변화를 위해 필요한 일은 온실가스 감축을 포함해 친환경 성과를 창출하는 기업에게 소위 '돈쭐'을 내줄 수 있는 좋은 사례들을 계속해 만들어 내는 것이다.

다만 모든 친환경 성과를 화폐 가치화하고 이를 재무적 성과로 연계하기까지는 아직 갈 길이 멀다. 기후 변화만 해도 전 지구적으로 해결해야 할 시급한 이슈고 온실가스가 유해 물질임을 많은 전문가들이 반복해 주창했음에도 불구하고, 온실가스에 화폐 가치를 부여하는 데 수십 년의 시간이 걸렸다. 따라서 우선은 친환경 성과를 정량화하는 활동이 확대될 필요가 있다. 우리가 이름을 들어본 대부분의 유럽 및 미국 기업들은 이미 폐기물 절감량, 수자원 재이용량, 대기 오염 물질 저감량 등 주요 환경 데이터를 주기적으로 측정하고 외부에 공시하는 활동을 하고 있다. 우리나라 역시 삼성전자를 포함해 현대자동차, LG화학 등 대기업들은 관련 정보를 매년 지속 가능 보고서를 통해 공시하고 있다.

특히 최근 온실가스에 대해서는 스코프 3(Scope 3 · 제품 생산 시 폐기물 처리, 전력 사용 등 기업이 통제하는 범위를 넘어서는 공정 영역)까지 온실가스를 측정하도록 요구하고 있다. 임직원이 출장 시 사용하는 교통수단에서 발생하는 온실가스 등 아주 미세한 것부터 가장 핵심적으로는 협력사가 배출하는 온실가스, 예컨대 금융 기관의 경우 투자 대상 회사가 배출하는 온실가스 등이 포함된다. 결국 해당 기업은 협력사와 투자 대상 회사에까지 온실가스 감축을 유도해야 하는 것이다.

만약 모든 기업의 환경 성과가 데이터베이스로 누적된다면 어느 기업이 규모 대비 더 나은 결과를 창출하고 있는지를 판단할 수 있다. 모든 기업을 같은 선상에서 비교하는 것은 어려울 수 있지만, 적어도 동종 업종의 제품과 서비스를 제공하는 유사 규모의 기업 간 비교는 가능할 것이다. 예를 들어 애플과 삼성전자가 각각 아이폰과 갤럭시를 한 대 만드는 데 얼마나 많은 온실가스를 배출하는지 비교하는 것과 같다. 다만 아직까지는 모델별 차이, 제품 수명 등의 변수를 통제한 동일 선상의 비교가 어렵고 판매량에 영향을 줄 수 있는 만큼 이러한 정보를 기업 스스로 공개하는 경우는 드문 게 현실이다.

따라서 반-기후, 반-녹색 활동을 하는 기업은 부정적 영향에 비례해 비용을 부담하고, 친-기후, 친-녹색 활동을 하는 기업은 긍정적 영향에 비례해 수익을 창출할 수 있는 사회적 기반이 필요하다. 이에 대한 신뢰를 높이기 위해 정부는 제삼자 검토나 외부 감사 등의 안전 장치를 마련하고, 기후 금융과 녹색 금융에 자금을 우선적으로 지원하는 등 제도적 전환을 도모해야 한다.

그렇다면 친-녹색과 반-녹색, 각각의 기준은 무엇인가? 혹은 두 얼굴을 가진 그린워싱은 어떻게 구분할 수 있을까? 이를 판단할 기준들에 대해선 다음 장에서 구체적으로 살펴보고자 한다.

택소노미, 기준을 제시하다

제20대 대통령 선거 후보 토론회 때 이슈화된 단어를 꼽자면 단언컨대 택소노미Taxonomy를 빼놓을 수 없다. 이 단어를 두고 국민의힘 윤석열 후보와 더불어민주당 이재명 후보 간 논쟁이 벌어졌고, 관련해서 언론 보도가 잇따르며 많은 대중들이 택소노미라는 단어를 처음 접하게 됐다. 다만 택소노미가 '친환경과 밀접한 관련이 있는 단어'라고 어렴풋이 짐작할 뿐, 이것의 기능과 의미를 정확히 이해하고 있는 사람은 여전히 많지 않은 것 같다.

택소노미는 특정 정책이나 기업이 녹색에 해당하는지 여부를 판단하기 위한 녹색 분류 체계이자 기준이다. 우선 해당 개념을 처음 제시한 EU의 택소노미를 먼저 살펴보자. EU는 2020년 친환경 관련 여섯 개의 환경 목표를 설정하고, 이를 달성하기 위한 '환경적으로 지속 가능한 경제 활동'의 기준으로 EU 택소노미를 수립했다. 즉 EU 택소노미는 EU가 제시한 녹색 분류 체계다.

앞서 밝혔듯 EU의 정책 의사 결정자들은 한 기업의 녹색 활동을 촉구하기 위해 자본의 힘을 이용하고 있다. 다만 이를 위해서는 중요한 선결 과제가 있는데, 바로 무엇을 녹색 활동으로 인정할 것인지에 대한 기준을 마련하는 것이다.

한 가지 궁금증이 생길 수 있다. EU는 기후 변화에 선

EU 분류 체계 개요

EU 분류 체계 6대 환경 목표	EU 분류 체계 기술적 분류 기준
기후 변화 완화	환경 목표 6가지 중 최소 하나 이상에 중대하게 기여(Substantial Contribution)
기후 변화 적응	
수자원, 해양 자원의 지속 가능한 이용 및 보호	다른 환경 목표에 중대한 피해를 끼치지 않을 것(Do No Significant Harm)
순환 경제로의 전환	
오염 방지 및 관리	최소한의 사회적 안전 장치인 인권 침해 예방 조치를 적용해 환경 외적인 요소를 위반하지 않을 것(Minimum Safeguards)
생물 다양성과 생태계 보호 및 복원	

* European Commission, 〈Taxonomy: Final report of the Technical Expert Group on Sustainable Finance〉, 2020.

도적으로 대응해 온 단체인데, 아직 녹색 활동 여부를 판단하기 위한 기준조차 없었단 말인가? 놀랍게도 EU 택소노미가 수립된 것은 비교적 최근이다. EU 택소노미는 2020년에 규정된 후 2021년 최초 기준을 수립해 2022년부터 시행됐다. 1장에서 밝혔듯 EU조차도 그간 환경 문제에 있어 네거티브 정책을 펼쳐 왔다. 어떤 행위에 벌금을 부과할지에 대한 기준은 있었으나, 어떤 행위에 자금을 지원할 것인지에 대한 내용은 부재했던 것이다.

  물론 친환경에 해당하는 활동을 제시한 단체가 아예 없던 것은 아니다. 1장에서 언급한 바와 같이 지구환경기금은 친환경에 해당하는 여덟 개 분야를 제시하고 이에 대해 30년간 지원을 지속해 왔다. 하지만 올해 시행을 시작한 EU 택소노미 이전까지는, 녹색을 판단하는 상세 기준을 제시한 곳은 없었다. 대규모 자금 지원이 연계되는 순간 정량적 기준이 중요해지므로, 이를 시범적으로 마련하기 시작한 곳이 EU라고 이해하는 편이 좋겠다.

  유럽 연합은 가장 시급한 의제인 '기후 변화'와 관련해 두 가지 환경 목표에 대한 기준을 제시했다. 바로 '기후 변화 완화'와 '기후 변화 적응'에 대한 기준이다. 여기서 기후 변화 완화climate change mitigation란 기후 변화를 사전적으로 막기 위해 온실가스를 실제로 감축했는지를 판단할 수 있는 기준이다. 기후 변화 적응climate change adaptation이란 기후 변화에 사후적으로 잘 적응할 수 있는 시설이나 역량을 갖췄는지를 판단하는 기준이다. 또 EU는 해당 목표와 관련해 구체적으로 어떤 기준을 충족해야 녹색 활동에 포함될 수 있는지 70개의 모범 답안을 제시했다. 이를 적용하기 위한 기술적 분류 기준도 함께 제시했는데, 한 가지 환경 목표에 부합하더라도 다른 환경 목표에 중대한 피해가 가거나 다른 영역의 사회적 문제를 유발하는 활동은 녹색으로 인정되지 않는다는 것이 핵심이다. 예를 들어 온실가스 감축을 위해 태양광 발전소를 건설한다 해도, 그 과정에서 토지를 오염하고 생물 다양성을 파괴한다면 이는 녹색 활동으로 인정받지 못한다. 혹은 폐기물 재이용 시설을 운영하지만 그 과정에서 아동 노동 등의 인권 문제가 발생한다면, 이 역시 녹색으로 볼 수 없다.

두 가지 환경 목표 외에도 EU는 수자원, 순환 경제, 오염 방지, 생물 다양성에 관한 네 가지 환경 목표를 제시한다. 특히 주목할 것은 '순환 경제로의 전환'이다. 순환 경제circular economy는 제품 생산에 필요한 자원을 순환적으로 이용해서 새로운 자원의 투입을 최소화하는 활동을 의미한다. 앞서 말했듯 기후 변화는 B2C 업종보단 화석 연료를 직접적으로 활용하는 B2B나 B2G 업종과 보다 밀접한 관련이 있다. 따라서 일반 소비자들은 일상에서 기후 변화와 관련한 기업의 노력들을 직접 체감하기 어려울 수 있으며, 기후 대응에 기여하는 활동 역시 개인으로서는 제한적일 수밖에 없다.

한 가지 대안으로 최근 유럽은 새로운 자원을 투입해 제품을 만든 후 이를 폐기하는 기존의 선형적 접근에서, 사용이 종료된 완제품을 재사용해 다시 투입 자원으로 활용하는 순환적 접근으로 전환하고 있다. 생산 및 재사용 공정의 효율을 높여 투입 자원 자체를 최소화하고 모든 제품의 생애 주기

life cycle 패턴을 바꾸는 것이다. 음식료, 화장품, 의류, 가전제품 등 일반적으로 개인이 소비하는 모든 제품이 이 순환 경제의 대상이 된다. 다만 순환 경제 모델이라는 형식에만 매몰되면 안 될 것이다. 마치 사람이 건강 관리를 할 때 하루에 어느 정도의 영양 성분을 섭취했고 그에 비해 몇 칼로리를 소모했는지 체크하는 것처럼, 제품도 기존 제품 대비 얼마큼의 폐기물을 재활용하고 얼마큼의 투입 자원이 감소했는지를 정량적인 수치로 확인할 필요가 있다.

　　유럽에 EU 택소노미가 있다면, 우리나라에는 한국형 녹색 분류 체계 가이드라인, K-택소노미가 있다. 2021년 12월 환경부에서 발표한 K-택소노미는 녹색을 판단하기 위한 기준을 국내 상황에 맞춰 제시한다. 기본 체계는 EU 택소노미와 유사하며, 동일하게 여섯 개 환경 목표와 14개 분야에 대한 69개 녹색 활동을 제시하고 있다. 이 녹색 활동들은 64개의 '녹색 부문'과 5개의 '전환 부문'으로 나뉘는데, 여기서 '전환 부문'은 액화 천연가스LNG 사용 등 엄밀히 따지면 녹색 활동에는 포함되진 않으나 저탄소 경제 체제로의 전환을 위해 과도기적으로 필요한 활동을 의미한다. 또 EU 택소노미와 마찬가지로, 온실가스 감축 등 한 가지 녹색 활동에 대한 인정 기준을 충족하더라도 생태계 파괴 등 다른 환경 분야에서 심각한 피해를 유발하거나, 녹색 활동 기준에는 모두 부합하더라도 기타 사회적 문제의 소지가 있는 활동은 최종적으로 녹색으로 인정하지 않는다는 보완 장치 역시 마련돼 있다.

K-택소노미는 과도기를 겪고 있는 만큼 추가 보완이 필요한 것은 사실이지만 우리나라 최초의 녹색 판단 기준을 제시했다는 점에서 의의가 크다. 주목할 것은 정량적인 기준을 제시했다는 점이다. 예를 들어 K-택소노미에는 식물이나 미생물을 에너지원으로 이용하는 바이오매스biomass를 통한 전력 생산이 녹색에 포함되지만, 모든 바이오매스가 대상이 되는 것은 아니다. 1키로와트시kWh의 전력 생산 시 온실가스가 100그램 이내로 발생하는 한에서만 녹색으로 인정된다. 즉, 정량적인 평가를 토대로 산업계 온실가스 감축 활동의 녹색 여부를 판단하겠다는 의미다.

21세기의 그린 뉴딜

한창 기후 변화 사업 개발을 자문하던 2010년대 중반, 인천광역시에 위치한 수도권 매립지에 방문했을 때였다. 수도권 매립지는 서울특별시, 경기도, 인천광역시에서 발생하는 폐기물을 매립하고자 수도권매립지관리공사가 운영하는 시설로, 방문 시 크게 두 가지 지점에서 놀라웠다. 우선 매립지가 현재는 골프장으로 변신했다는 것이다. 폐기물이 매립된 곳이라고는 전혀 생각할 수 없을 정도로 깨끗하고 풀 향기가 나는 코스에서 사람들이 즐겁게 골프를 치던 장면이 아직도 생생히 떠오른다. 두 번째 인상 깊던 것은 바로 현재 매립이 이뤄지고 있는 장소로 이동하던 중 마주친 폐기물 매립 장소에 야자나무가 심겨 있던 풍경이다. 당시 안내를 해주시던 분께 폐기물이 버려지는 장소에 어떻게 나무가 자라는지 물어보니 웃음을 지으셨는데, 가까이 가서 확인해 보니 진짜 야자나무는 아니고 나무 모양으로 외관을 꾸며 놓은 커다란 파이프였다. 이 파이프의 정체는 폐기물에서 발생하는 매립 가스를 포집하는 장치였다. 온실가스를 비롯한 유해 가스를 포집해 전력을 생산하는 에너지원으로 재사용하고 있던 것이다. 당시 수도권매립지관리공사는 세계에서 가장 큰 규모로 매립 가스를 활용한 전력 생산 시설을 운영 중이었고, 이러한 폐기물 매립지는 외국 공무원들의 필수 견학지로 인기를 얻고 있었다.

이와 완전히 상반되는 풍경에 충격을 받은 기억도 있다. 동일한 시기에, 국내의 폐기물 매립지 관리 기법을 컨설팅하고자 중앙아메리카에 위치한 온두라스를 방문했다. 온두라스 수도인 테구시갈파Tegucigalpa 시는 당시 세계에서 살인율이 가장 높은 도시에 선정될 정도로 치안이 나쁜 것은 물론 환경 보전을 위한 예산 및 기술의 부족으로 폐기물 관리가 전혀 이뤄지고 있지 않은 도시였다. 매립지 근처에 가기도 전에 풍겨오는 악취로 코를 감쌀 수밖에 없었으며, 매립지에 들어서서는 심한 악취로 인해 머리가 어지러울 지경이었다. 당시 매립지에 반입되는 폐기물은 어떠한 관리도 제대로 이뤄지지 않고 있었으며, 심한 악취 속에서도 매립지 근처에서 뛰놀고 있던 아이들의 모습과 그 위를 날아다니는 까마귀 떼의 모습은 아직도 뇌리에서 잊히지 않는다.

같은 폐기물 매립지여도 친환경 설비 구축 여부에 따라 얼마나 큰 차이가 발생하는지를 직접 눈으로 보며 녹색 투자의 중요성을 실감했다. 온실가스를 포함해 환경 유해 물질을 저감하고 관리하는 설비를 만들기 위해서는 정책 자금이든 민간 자금이든, 자본이 필요하다. 특히 친환경 투자의 경우 부정적인 외부 효과를 저감할 수 있다는 사회적 효용은 큰 반면, 재무적 관점에서 수익성이 좋은 투자처는 아니기 때문에 정책 자금의 역할이 중요하다. 물론 기존에도 친환경 관련 정책 자금이 있었으나, 현재는 국가 차원의 탄소 중립을 달성하기 위해 훨씬 막대한 지원이 필요한 상황이다. 우리가 사용하는 화석 연료를 궁극적으로 대체할 수 있는 기술이나 화석 연료에서 발생하는 온실가스를 제거할 수 있는 기술을 사회 전반적으로 도입해야 하는데, 우리 일상에서 석유 등의 화석 연료가 차지하는 비중을 가늠해 보면 이는 결코 쉬운 일이 아니다. 바로 여기서 그린 뉴딜의 개념이 생겨났다.

그린 뉴딜Green New Deal이란 친환경을 뜻하는 '그린'과 대

공황 시기 미국 프랭클린 루스벨트Franklin Roosevelt 행정부가 추진한 경기 부양 정책인 '뉴딜'이 합쳐진 용어로, 쉽게 말하면 녹색 활동을 촉진하기 위한 정부의 대규모 자금 지원 정책이다. 녹색 활동 중에서도 기후 변화 대응이 가장 중요한 과제이며, 탄소 중립 경제로의 전환을 통해 기후 변화 대응과 일자리 창출을 동시에 달성하고 이 과정에서 발생할 수 있는 불평등을 해소하는 것을 핵심 목표로 삼는다. 다만 용어와 관련해서는 국가별 차이가 있다. 미국 정부와 한국 정부의 경우 미국 뉴딜 정책을 모티브로 삼아 '그린 뉴딜'로 이름을 지은 반면 유럽은 '그린 딜Green Deal'이라고 명명했다. 이미 기후 변화에 선도적으로 대응하는 유럽의 입장에서, 이전부터 지원해 오던 자금의 대상 범주와 규모를 확대하는 것이 '새로운new' 정책은 아니라고 판단했기 때문이다. EU의 경우 지난 2020년 그린 딜을 위해 향후 10년간 운용할 자금으로 1조 유로, 한화 약 1300조 원을 책정했다. 미국 바이든 행정부 역시 그린 뉴딜 자금으로 동일한 연도에 8년간 2조 달러, 한화 약 2500조 원을 책정했다. 한국은 유럽이나 미국보다 규모는 작지만 지난 2020년, 5년간 70조 원 이상의 자금을 그린 뉴딜에 활용하는 계획을 수립한 바 있다. 2022년 기준 한국의 예산 총액 604조 원 중 거의 10퍼센트에 육박하는 막대한 비중을 투자한다.

이렇듯 전 세계적으로 녹색 활동에 자금이 흘러 들어간다면 그린워싱은 더욱 중요한 이슈가 될 것이며, 그린워싱을 판가름하기 위해선 녹색 활동을 명명할 기준이 중요해질 수밖에 없다. 앞서 살펴본 택소노미가 바로 이 그린 뉴딜과 연결된다. 쉽게 말해서 그린 뉴딜 자금은 택소노미가 인정하는 녹색 활동을 촉진하고자 쓰인다. 전통적인 투자의 관점으로 접근한다면, 같은 비용을 들였을 때 더 큰 성과를 데이터로 보여줄 수 있는 녹색 활동에 대한 지원이 커질 것이다. 온실가스로 예를 들자면 여러 온실가스 감축 사업 중 투입 비용 1원당 온실가스 감축량이 가장 높은 사업을 우선적으로 지원할 것이다. 따라서 국내외 그린 뉴딜에 참여하고자 하는 기업의 경우, 추진할 수 있는 녹색 활동 중 어떤 것이 가장 뚜렷한 친환경 성과를 창출할지 파악할 체계적인 시스템이 필요해진다.

녹색 채권의 폭발적 성장

2017년까지만 해도 국내에서 '녹색 채권Green Bond'은 생소한 단어였다. 국제적으로는 투자자들이 친환경 투자를 실천할 수 있는 가장 쉬운 수단으로 녹색 채권 붐이 일며 주요 20개국(G20) 재무 장관 회의에서 관련 논의가 활발했지만, 국내에서는 자문을 맡길 전문가를 찾는 것도 어려웠다. 당시 녹색 금융 관련 정부 자문을 수행해 오고 있던 나는 녹색 채권에 대한 정부 차원의 연구를 맡게 됐다. 녹색 채권을 둘러싼 정책과 시장 동향, 국제 기준에 대한 전반적인 연구를 진행하는 동시에 국내에 녹색 채권을 도입할 방안을 고민했다. 국내 다국적 회사가 유럽 등 해외 자본 시장에서 외화로 녹색 채권을 발행한 적은 있었지만, 아직 국내에서 원화로 녹색 채권이 발행된 적은 없던 시기다. 해당 연구가 종료된 이후 2018년 5월, 드디어 국책 은행인 산업은행이 국내에서 산업 금융 채권을 녹색 채권으로 발행했으며 이는 원화로 녹색 채권을 발행한 최초의 사례였다.

시간이 흘러 2022년 현재 국내 녹색 채권 시장 규모는 약 18조 원에 달한다. 전 세계 시장의 경우 2021년 기준 약 500조 원 규모로, 전년 대비 60퍼센트 성장한 수치다. 녹색 채권 시장이 급격히 성장한 배경에는 앞서 논의한 내용들이 모두 연결돼 있다. 여러 환경 이슈 중에서도 기후 변화 이슈의 중요성이 커졌고, 기후 위기에 시급히 대응하기 위해 EU 중심의 선진국들은 금융이라는 자본의 힘을 활용하기로 결정했다. 기후 변화를 포함한 녹색 활동을 금융과 연결 지으려면 투자 의사 결정에 기반이 되는 '녹색'에 대한 기준이 필요했다. 이에 택소노미를 만들었고, 택소노미 기반으로 자금을 지원하는 정부 차원의 정책 그린 뉴딜이 탄생했다. 이제 마지막으로 남은 것은, 그린 뉴딜에서 파생된 자금을 기업이나 금융 기관에 투자할 때 어떤 금융 수단을 활용할 수 있는지에 대한 부분이다. 여기서 등장한 것이 녹색 채권이다.

기업이 자금을 조달하는 방식에는 크게 두 형태가 있다. 첫 번째는 '자본equity'으로, 기업의 소유권을 가진 주주로부터 출자를 받는 형태다. 자본은 주주에게 자본을 돌려줘야 하는 만기가 별도로 없으며, 주식 시장을 통해 주주 간 거래는 활발하게 이뤄지지만 주주가 기업에게 추가로 자본을 주는 일은 많지 않다. 두 번째는 '부채debt'로 투자자나 은행으로부터 자본을 빌리는 형태다. 주주로부터 얻은 자본만으로 사업을 운영하는 것은 한계가 있는 만큼 대다수의 기업은 부채를 활용한다. 부채에도 다양한 종류가 있지만 가장 대표적인 두 가지는 채권을 발행해 투자자로부터 자금을 받는 형태와 대출을 통해 은행으로부터 자금을 받는 형태다. 부채는 자본과 달리 자금을 돌려줘야 하는 만기가 있기 때문에, 부채 관련 자금 조달 활동은 자본 대비 활발하게 이뤄진다. 이렇게 자본과 부채로부터 조달된 자금은, 기업이 토지를 매입해서 공장을 짓거나 기업을 운영하는 임직원을 고용하는 등 다양한 용도로 쓰인다.

녹색 채권과 일반 채권의 가장 큰 차이점은 여기서 드러난다. 녹색 채권을 통해 조달한 자금은 반드시 투자자가 인정하는 녹색 활동에만 쓰여야 한다. 다른 채권의 경우 일반적으로 이자만 꼬박꼬박 지불하다 만기가 도래했을 때 원금을 갚으면 투자자는 별다른 요구를 하지 않는다. 하지만 녹색 채권은 자금의 사용처를 녹색 활동으로 제한한다는 점에서 특수 목적 고정 수익 증권의 성격을 갖는다. 발행자는 녹색 채권을 발행함으로써 투자자에게 녹색 활동에만 해당 자금을 사용하겠다고 약속하는 것이며, 이를 증명하기 위해 추가적인 절차를 밟아야 한다.

우선 녹색 채권을 통해 조달한 자금을 녹색 활동에만 사용하기 위한 내부적인 관리 체계framework를 갖췄다는 것을 투자자에게 보여 줘야 한다. 확실한 관리 체계 없이는 다른 활동으로 자금이 사용될 수 있고, 최악의 경우 기후 위기를 외려 악화시키거나 환경을 파괴하는 활동에 해당 자금이 사용될 수도 있기 때문이다. 구체적으로 국제자본시장협회(ICMA·The International Capital Market Association)가 녹색 채권 원칙(GBP·Green Bond Principles)에서 이에 대한 요건을 제시하고 있는데, 자금의 목적use of proceeds, 사업의 평가 및 선정process for project evaluation and selection, 자금의 관리management of proceeds, 사후 보고 및 외부 검토reporting and external review 등에 대한 내용이 여기 포함된다.

이러한 관리 체계를 수립해 녹색 채권을 발행한 후에는, 자금을 어떠한 녹색 활동에 얼마큼 사용했고 이를 통해 얼마큼의 환경 성과를 창출했는지를 투자자에게 보고해야 한다. 통상 '투자자 안내문'이라 불리는 보고서를 통해 발행자는 투자자에게 자금 배분 보고allocation reporting와 환경 영향 보고impact reporting를 할 의무가 생긴다. 특히 환경 영향 보고가 중요한데, 여기엔 온실가스 감축량, 폐기물 절감량, 수자원 재이용량, 대기 오염 물질 저감량 등 녹색 활동을 통해 창출한 성과를 정량 지표로 측정해 보고하는 것이 해당한다.

끝으로, 투자자 입장에선 기업이 내부 관리 체계를 잘 갖춘 동시에 자금을 올바로 사용했다는 것을 일방적으로 믿기 어려울 수 있다. 통상 기업은 내부 회계 관리 제도와 재무 성과를 제시하는 재무제표에 대해 독립된 감사인인 회계 법인으로부터 감사 또는 검토를 받아야 할 법적 의무가 있다. 녹색 채권 발행 시에도 마찬가지다. 기업은 내부 관리 체계와 투자자 안내문에 대해 공신력 있는 제삼자의 인증을 받은 후 그 정보를 투자자에게 제공해야 한다. 현재 국내에서는 사적 인증(내부 관리 체계에 대한 인증)은 의무인 반면, 사후 인증(투자자 안내문에 대한 인증)은 의무가 아니다. 그린워싱 검토를 위해서는 자금을 실제 사용한 내역과 이로 인해 창출된 성과를 확인하는 것이 중요한 만큼, 사후 인증 역시 향후 의무화될 것으로 예상한다.

녹색 채권이 발행된다면 투자자 입장에서는 손쉽게 녹

색 투자를 실현할 수 있게 된다. 녹색 채권이 없는 경우, 환경 성과를 창출할 수 있는 개별 사업들을 투자자가 일일이 찾아서 투자해야 한다. 그러나 녹색 채권이 발행될 경우, 녹색 채권 발행 기업이 투자자를 대신해 개별 사업자들을 모으는 만큼 투자자 입장에서는 번거로운 절차를 생략할 수 있다. 발행자인 기업 입장에서는 녹색 활동을 위해 필요한 자금을 보다 수월하게 조달할 수 있으며, 녹색 경영을 선도하는 기업으로서의 평판도 제고할 수 있다. 정부 입장에서는 세제 혜택 등 여러 지원책을 제공함으로써 국가 차원에서 보다 많은 녹색 활동이 이뤄지는 효익을 얻을 수 있다. 이렇듯 모두가 윈윈win-win할 수 있는 금융 수단이라는 점에서 녹색 채권 시장은 국제적으로 매년 50퍼센트 이상의 폭발적인 성장세를 보여 왔다.

녹색 채권의 성장은 다른 금융 수단의 탄생에도 영향을 미쳤다. 기업의 자금 조달 수단 중 '부채' 유형에는 채권 말고 대출도 있다. 채권과 대출은 돈을 빌려주는 대상, 증권화 가능 여부 등에 대한 차이가 존재하지만 녹색 채권의 개념은 동일하게 적용할 수 있다. 녹색 여신Green Loan 역시 유럽 은행들을 중심으로 점차 상품을 시장에 출시하고 있으며, 여신협회(LMA·Loan Market Association)에서는 녹색 여신으로 인정받기 위해 갖춰야 할 요건인 녹색 여신 원칙Green Loan Principles을 제정해 차주borrower가 녹색 여신을 대출받아 사용하기 위해 준비해야 하는 항목들을 제시하고 있다.

'녹색green'이 하나의 개념으로 떠오르며 국내외 친환경 이슈의 중심이 된 와중, 최근 몇 년간 국내에선 ESG 경영 또한 이에 못지않게 대세가 됐다. 녹색 채권과 녹색 여신을 ESG에 접목해 보면 다른 금융 수단 역시 생각해 볼 수 있다. ESG 채권은 크게 녹색 채권Green Bond, 사회적 채권Social Bond, 그리고 이 두 채권이 합쳐진 지속 가능 채권Sustainability Bond이 있다. 통상 'ESG 채권'이라 불리는 금융 수단은 이미 국내외적으로 활성화돼 있으며, 전 세계적으로 ESG 채권 시장 규모는 약 1000조 원에 달한다. 이중 사회적 채권은 사회적 성과를 창출하는 활동들과 연결된 것이며, 국제자본시장협회가 제시하는 사회적 채권 원칙에 의해 그 자금이 사용될 분야와 수혜자 유형이 규정돼 있다. 만약 자금이 녹색 채권과 사회적 채권에게 요구되는 사항을 모두 충족한다면, 해당 채권은 지속 가능 채권이 된다. ESG 여신 시장 역시 녹색 여신Green Loan, 사회적 여신Social Loan, 지속 가능 여신Sustainability Loan 세 가지 유형으로 전 세계에서 성장하고 있다.

자본은 부채와 달리 주주로서 기업의 지분을 갖고자 출자한 자금이다. 기업이 해당 자금을 특정 목적에만 사용하도록 대상을 한정하기 어렵다. 따라서 자본의 경우, 기업의 정체성 자체가 환경 혹은 사회적 비즈니스인 기업을 중심으로 투자가 이뤄지고 있다. 일부 활동이 아닌 모든 활동과 비즈니스가 환경 및 사회적 성과, 즉 임팩트impact를 창출할 수 있는 기업만을 선정해 투자하는 것이다. 미국과 EU에선 이미 임팩트 펀드Impact Fund가 이를 위한 주요 수단으로 활용되고 있다. 임팩트 펀드는 사모 펀드Private Equity Fund나 벤처 캐피탈 펀드Venture Capital Fund와 같이 특정 기업이나 프로젝트에 대한 지분 투자를 수행하되 비즈니스 자체에서 임팩트를 창출할 대상에만 투자한다. 다만 이러한 기업은 수익성보다는 임팩트를 중시하는 만큼, 일반적인 재무적 투자자보다는 공적 기금이나 IT 갑부들이 세운 비영리 재단의 참여가 활발하다. 대표적인 사례로 마이크로소프트 전 CEO 빌 게이츠가 설립한 빌 & 멀린다 게이츠 재단Bill & Melinda Gates Foundation이나 아마존 CEO 제프 베이조스Jeff Bezos가 세운 지구기금The Earth Fund이 있다. 프롤로그에서 언급한《빌 게이츠, 기후 재앙을 피하는 법》또한 빌 & 멀린다 게이츠 재단이 질병 퇴치와 함께 가장 신경을 쓰고 있는 주제가 바로 기후 변화라는 점을 시사한다. 관심 있는 독자라면 넷플릭스의 3부작 다큐멘터리 〈인사이드 빌게이츠Inside Bill's Brain : Decoding Bill Gates〉 중 '파트 3'을 시청해 보길 추천한다.

기후 기금, 총대를 메다

우리나라의 유일한 국제기구 본사가 어딜까? 바로 인천광역시 내 경제 자유 구역 연수구 송도동에 위치한 녹색기후기금(GCF·Green Climate Fund)이다. GCF 본사의 소재를 전 세계적으로 논의하던 2012년, 나는 GCF를 우리나라에 유치하기 위한 제안서 작성에 참여하며 GCF와 연을 맺었다. 당시 한 달간 담당 공무원 및 정책 금융 기관 실무자들, 그리고 팀원들과 함께 밤낮없이 제안서 작업에 몰두했고 그 결과 환경 분야 선도 국가인 독일을 제치고 GCF를 유치하게 됐을 땐 뛸 듯이 기뻤다. 국제 금융 공사, 세계 보건 기구 등 국내에 지사를 둔 국제기구는 많지만, 본사를 한국에 둔 국제기구는 녹색기후기금이 처음이었기 때문이다.

GCF는 유엔기후변화협약UNFCCC 산하 국제기구로, 약 10조 원의 자금을 운용한다. 현재 본사인 송도에서 수백 명의 다국적 임직원들이 근무하고 있으며, 매년 서너 차례에 걸쳐 24인의 선진국 및 개발 도상국 정부 대표로 이루어진 이사회를 정기적으로 개최하고 있다. 앞서 살펴본 택소노미와 그린 뉴딜, 녹색 채권이 우리나라를 포함해 선진국 중심으로 진행되는 반면, GCF는 개발 도상국에서 진행하는 녹색 활동과 밀접한 관련이 있다. GCF를 정확히 이해하려면 먼저 유엔기후변화협약을 둘러싼 선진국과 개발 도상국 간 기나긴 협상의 역사를 알 필요가 있다.

    기후 변화를 막는 핵심은 온실가스 감축이라고 누차 언급한 바 있다. 그럼 온실가스를 가장 많이 배출하는 국가는 어디일까? 얼핏 산업이 발달한 선진국에서 온실가스를 가장 많이 배출하고 있다고 생각할 수 있지만, 세계 자원 연구소 (WRI·World Resources Institute)가 만든 표를 보면 예상과 다른 결과를 확인할 수 있다. 대표적인 선진국에 해당하는 유럽 연합 27개국과 미국의 온실가스 배출량을 합쳐도 중국의 단일 배출량보다 적은 수준이며, 중국, 인도, 러시아, 브라질, 인도네시아, 이란과 같은 중진국 및 개발 도상국의 배출량을 합치면 전세계 배출량의 절반 가까이를 차지한다.

    국가적인 탄소 중립을 목표로, 선진국의 배출량은 계속해서 감소하는 추세인 반면 중진국과 개발 도상국의 배출량은 경제 성장과 함께 꾸준히 증가하는 추세다. 결국 기후 변화를 늦추려면 중진국과 개발 도상국의 역할이 매우 중요하다. 선진국들은 이들이 온실가스 감축에 동참할 것을 지속적으로 요구했으며, 유엔기후변화협약 당사국 총회에서도 관련 협상은 이뤄져 왔다. 1997년 개최된 제3차 당사국 총회에서 채택된 교토의정서의 경우 선진국만을 대상으로 온실가스 감축 의무를 부여했지만, 2015년 개최된 제21차 당사국 총회에서는 드디어 모든 국가를 대상으로 온실가스 감축 의무를 지우는 파리협약이 체결됐다. 여기까지만 보면 기후 위기에 대응하는 동시에 모두가 윈윈하는 협약이 체결된 것처럼 보인다.

　하지만 기후 변화의 책임은 누구에게 물어야 할까? 사회학자 맥스 로저Max Roser가 설립한 글로벌 데이터랩Global Change Data Lab에선 다음과 같은 통계를 내놓았다.[4] 1751년부터 2017년까지 누적된 온실가스 배출량을 살펴보면 북미와 EU의 기여분이 그중의 50퍼센트를 차지한다. 현재 엄청난 양의 온실가스를 배출하는 중국과 인도도, 누적 배출량으로는 북미 및 EU의 절반에도 미치지 못하는 것이다.

　또 주목할 것은 중남미나 아프리카 소재 개발 도상국의 배출량이다. 이들 국가의 경우 누적 온실가스 배출수준은 전 세계 배출의 6퍼센트에 불과하다. 상황이 이렇기에 개발 도상국들은 합리적인 비판을 제기한다. 선진국들은 산업 혁명 이후 엄청난 양의 화석 연료를 사용하고 온실가스를 배출하며 기후 변화를 야기해 놓고, 이제 와서 기후 변화를 막고자 막 성장 중인 국가들의 화석 연료 사용을 제재하는 것이 합당한지를 질문한다. 비단 북미와 EU에 대한 물음이 아니다. 경제 성장 과정에서 전 세계 온실가스 배출에 기여해 온 일본과 러시아 역시 이런 비판으로부터 자유로울 수 없다. 개발 도상국 입장에서는 선진국들이 사다리 걷어차기를 위해 '기후 변화 이슈를 정치적으로 활용하는 것은 아닌가'라는 의심까지도 충분히 해볼 수 있는 것이다.

개발 도상국들은 자국에 탄소 배출 감축 의무를 부여하려면, 기후 변화에 책임이 큰 선진국들의 지원이 뒷받침돼야 한다는 의견을 피력해 왔다. 구체적으로 개발 도상국들이 화석 연료 사용을 최소화하는 저탄소 경제 성장을 할 수 있도록 선진국들이 자금과 기술을 지원해야 한다는 것이다. 금전적, 기술적 지원뿐 아니라 기후 변화에 대응할 사회적 인프라를 구축하는 데 있어서도 선진국이 지원해야 한다는 것이 개발 도상국의 입장이다. 기후 변화로 인한 피해를 크게 입는 것은 주로 선진국이 아닌 개발 도상국들이다. 예상치 못한 폭우나 태풍이 몰아치거나 해수면이 상승했을 때, 인프라가 제대로 갖춰져 있지 않은 개발 도상국 시민들은 선진국 대비 훨씬 큰 피해를 입을 수밖에 없기 때문이다. 예를 들어 인도양에 위치한 몰디브Maldives의 경우 기후 변화로 인한 해수면 상승으로 나라 자체가 사라질 위기에 직면해 있다. 유엔 기후변화정부간협의체IPCC에 따르면 2100년까지 지구의 해수면은 약 40~64cm 상승할 것이며, 이 수치대로라면 몰디브는 육지 면적의 약 77퍼센트가 바다에 잠기게 된다. 이를 방지하기 위해선 제반 시설이 필요하지만 작은 섬나라가 기술과 인프라를 갖추기에는 한계가 있다. 이에 몰디브 대통령은 지난 2009년 국제 사회에 심각한 위기상황을 알리며 도움을 요청하기도

했다.

　　2016년 파리협약에선 바로 이런 논의가 이뤄지며, 개발 도상국들의 저탄소 경제 성장에 필요한 자금을 지원하고자 GCF가 출범하게 된다. 따라서 'GCF'에는 녹색Green이라는 단어가 포함되지만 실질적인 GCF 지원 사업은 기후 사업에 초점을 맞추고 있다. 정확히는 온실가스를 감축하는 '완화 사업mitigation project'과 기후 변화에 대한 적응력을 향상시키는 '적응 사업adaptation project'에 대해서만 자금을 지원한다. 그리고 이제 독자들도 예상할 수 있겠지만, 각 사업별 구체적인 지원 대상은 EU 택소노미나 K-택소노미에서 제시하는 녹색 분야 중 기후 변화 분야의 내용과 크게 다르지 않다. 결국 GCF의 목적은, 자체 예산이 부족한 개발 도상국 내에서도 녹색 투자가 이뤄질 수 있도록 선진국이 자금을 제공하는 것이다. 주요 선진국인 미국, EU, 일본 등이 GCF 투자의 주체가 되며, 주요 투자 대상은 중국과 인도를 포함한 개발 도상국들이다. 다만 중국과 인도의 경우 자체 예산만으로도 녹색 투자가 가능할 뿐더러, 지구환경기금(GEF·Green Environment Facility)과 같은 국제기구로부터 다른 국가들 대비 과도한 지원을 받았다는 비판이 있었던 만큼 이제는 주요 지원 대상이 아니다. GCF가 우선으로 지원하는 국가는 아프리카권 국가를 비롯한 최빈국(LDCs·Least Developed Countries)과 몰디브 등 기후 적응력 향상이 국가 생존과 연결되는 군소 도서국(SIDS·Small Island Developing States)이다.

개발 도상국의 기후 변화 문제를 해결하겠다는 야심찬 목표를 가지고 출범한 GCF이지만, 남은 과제가 많다. GCF가 기존 국제기구의 지원 사업과 차별화되는 요소로 내세웠던 것은 두 가지다. 개발 도상국 현지 기관을 통한 직접 지원을 확대하는 것, 그리고 민간 자금을 유인하는 것이다. 기존 국제 기구들은 직접 개발 도상국 내 침투해 사업을 기획하고 관리해 왔는데, 개발 도상국 측은 이러한 접근이 사업을 발굴하고 실행하는 주체적인 권리를 저해한다는 비판을 제기해 왔다. 이에 GCF는 인증 시스템을 도입해, 개발 도상국 현지 기관들이 자체 사업을 진행하되 해당 활동에 대한 인증을 받을 수 있도록 했다. 개발 도상국의 정부 부처나 금융 기관들이 GCF의 자금으로 자국 내 온실가스를 감축하거나 자연재해에 대응할 인프라를 마련할 수 있는 기반이 생긴 것이다.

반면 민간 자금 유인에 있어서는 아직 갈 길이 먼 상황이다. 공공 자금만으로는 개발 도상국에서 추진하려는 기후 사업을 지원하는 데 절대적 한계가 있는 만큼, 민간 자금을 유인하는 것이 GCF의 핵심 과제 중 하나다. 이를 위해 GCF는 HSBC, 도이체방크 등 글로벌 금융 기관들을 인증해, 해당 기관들이 GCF 자금을 활용해 개발 도상국 내 기후 사업에 금융을 제공할 수 있도록 허용했다. 하지만 아직까지 이러한 민간 금융 기관들이 추진한 기후 사업의 사례가 많지 않은 만큼, 향후 GCF가 글로벌 금융 기관들을 추가적으로 유인할 방안이 마련될 필요가 있다.

3

어떻게 그린워싱을
판단할 것인가

녹색 트렌드의 후폭풍

유럽에 기반을 둔 아일랜드의 항공사 라이언에어Ryanair는 지난 2019년 "우리는 전 세계 항공사 중 이산화탄소 배출량이 가장 낮다"는 취지로 TV와 라디오에 광고를 송출하며 논란을 일으켰다. 이런 주장을 뒷받침할 구체적 증거가 없다는 비판이 제기됐고, 논란이 커지자 감독 당국은 규제에 나섰다. 영국 광고표준위원회는 라이언에어의 주장에 근거가 불충분하다며 이 광고를 금지했고, 결국 라이언에어 측은 논란의 카피 문구를 삭제해야만 했다.

친환경 브랜딩이 마케팅 트렌드로 자리 잡으며, 국내역시 유사한 이슈가 발생하고 있다. 아모레퍼시픽 계열의 국내 화장품 브랜드 이니스프리는 지난해 4월 '페이퍼 보틀 리미티드 에디션'을 출시하며 논란에 휩싸였다. '안녕, 나는 종이병이야'라는 문구와 함께 종이 재질의 용기에 담은 화장품을 선보였는데, 해당 용기는 두꺼운 종이 용기를 덧댄 플라스틱 병이었던 것이다. 친환경적인 종이 소재의 화장품을 기대하고 제품을 구입한 소비자들은 내부에 숨어 있던 플라스틱을 발견하고 문제를 제기했고, 결국 이니스프리 측은 사과문을 발표했다. 사측은 해당 용기가 기존 용기 대비 51퍼센트 적게 플라스틱을 사용했다는 점을 강조하며 환경 성과를 조금이나마 입증하고자 했으나, 이 또한 불분명한 커뮤니케이션 방식에 대한 비판으로 이어지며 도리어 소비자들의 원성을 샀다.

이처럼 녹색 트렌드의 후폭풍으로 발발한 그린워싱은 각종 사회적 이슈를 불러일으키고 있다. 그린워싱의 가장 대표적인 유형은 환경에 악영향을 미치는 제품이나 서비스를 친환경 제품으로 포장하는 경우다. 최근 국내 다수 에너지 기업들이 회사명에 '그린', '에코'와 같은 키워드를 추가해 사명을 변경하는 것이 이에 해당한다. 그린워싱의 또 다른 유형은 친환경 제품 및 서비스를 제공하는 것은 맞지만 거기서 창출한 성과를 과장하는 것이다. 영국의 밀키트 회사 구스토Gousto는 지난 2020년 친환경 콘셉트로 자사 제품을 홍보했다가 낭패를 봤다. 구스토 측은 조리에 필요한 식자재와 소스 등을 담아 배송하는 박스에 '에코 칠 박스Eco Chill Box' 옵션을 추가하며 플라스틱이 아닌 100퍼센트 재활용 가능한 소재의 박스로 상품을 배송받을 수 있다고 홍보했다. 문제는 배송 업계에서 쓰는 포장재가 매우 다양한 물질로 구성된 만큼 '재생 성분 100퍼센트'라는 수치는 현실적으로 달성하기 어렵다는 지적이 제기된 것이다. 이에 영국 광고표준위원회는 "오해의 소지가 다분한 광고를 만드는 행위가 소비자와 지구에 해를 끼칠 수 있다"며 구스토의 광고에서 '100퍼센트' 문구를 제외하도록 시정 명령을 내렸다.

이외에도 석탄 발전과 같이 온실가스를 대량으로 배출하는 시설을 건설하고 운영하면서도 '녹색 에너지 기업'으로 자사를 홍보하는 경우가 빈번하며, 녹색 채권을 부적절한 분야에 투자하는 경우도 있다. 지난 2021년에 일본의 기후 분야 비영리 단체들은 해외 개발 기관인 일본국제협력단을 미국 증권거래위원회에 제소했는데, 일본국제협력단이 녹색 채권으로 조달한 자금을 석탄 투자에 활용했다는 것이 그 이유였다.

그린워싱이 발생하는 배경은 기업의 유형마다 차이를 보인다. 개인 소비자를 고객으로 하는 B2C 기업의 경우, 그린워싱의 가장 큰 유혹은 제품 및 서비스 홍보에 도움이 된다는 점이다. 환경 문제에 관심이 큰 소비자를 유인하고자 자사 제품이나 서비스, 나아가 기업의 가치관을 '친환경'과 묶어 설명하는 것이 현 마케팅 시장의 셀링 포인트다. 여기서 문제가 발생하는데, 기후 위기 혹은 환경 보호 관련 성과에 전문성이 부족한 인력들이 마케팅을 주도할 경우 녹색 기준에 충족하지 않거나 오히려 반하는 활동을 종종 녹색으로 포장하는 것이다.

기업이나 정부를 고객으로 하는 B2B, B2G 기업의 경우엔 그린워싱의 효용이 약간 다르다. 제품 및 서비스 홍보보단 자사의 기업 평판을 높이고, 이를 기반으로 투자자 및 정부

와의 소통을 원활히 하려는 목적이 크다. 앞서 2장에서 살펴본 바와 같이, 많은 투자자와 정부가 기업의 녹색 활동에 주목하며 대규모 자금을 지원하는 추세다. 기후 변화를 포함해 글로벌 기후 위기가 심화하고 이에 대한 대중의 관심과 우려가 증가하는 상황에서, 녹색 자금 조달은 앞으로도 유지 혹은 확대할 수밖에 없다. 따라서 'ESG경영'에 능한 '녹색 기업'으로서 자본 시장의 인정을 받고자 많은 기업들은 성과를 의도적으로 과장하는 유혹에 빠질 수 있다.

　이때 어떤 기준으로 그린워싱을 판별할 수 있을까? 단적으로 말하자면 데이터다. 어렵게 창출한 친환경 성과의 의미가 언론과 대중의 반발을 사며 퇴색하지 않기 위해, 데이터에 기반한 명확한 소통이 중요하다. 온실가스를 비롯한 환경 유해 물질을 얼마큼 감축했는지 정량적으로 제시할 수 있어야 하며, 공신력을 더하기 위해 기업 자체적으로 측정한 데이터에 대한 외부 기관의 평가 및 인증을 받을 수도 있다. 또는 플라스틱 재활용 등 차후 자원 순환을 통해 절약한 자원량을 측정해서 제시할 수도 있다.

　핵심은 정량화된 데이터를 토대로 소통하는 것이며, 이를 위해서는 녹색 공시 기준에 대한 이해를 보유한 전문 인력을 육성하는 노력이 필요하다. 기업은 전문성 있는 인력을 마케팅 과정에 참여시키거나 환경 단체를 비롯한 외부 기관과의 협업을 통해 자사의 마케팅 방식을 검토해야 한다. 정부 또한 이들 기업에 정확한 공시 기준을 제시하고, 공시 의무를 부여해야 한다. 예컨대 유럽 연합은 지난 2021년 4월, 기존 비재무공시지침Non-Financial Reporting Directive 대비 강화된 지속가능성보고지침Corporate Sustainability Reporting Directive을 발표했다. 이를 통해 유럽 연합 전체 매출의 75퍼센트를 차지하는 5만여 개의 기업은 녹색 정보에 대한 공시가 의무화됐다. 미국도 마찬가지다. 미국증권거래소는 2022년 3월 미국 상장 기업 대상 기후 정보 공시를 의무화하는 기후 공시Climate-Related Disclosures 초안을 공개한 데 이어 5월 25일, 그린워싱을 방지하는 투자회사법The Investment Company Act 개정안을 발표한 바 있다.

영국 자산 운용사 슈로더Schroders가 지난 2021년 650개 기관 투자자를 대상으로 실시한 설문에 따르면, 'ESG 투자 목표를 달성하는 데 가장 큰 장애물은 무엇인가'라는 질문에 응답자의 60퍼센트가 '그린워싱'이라고 답했다. 녹색이 돈이 되는 시대에, 그린워싱의 유혹에 직면하는 기업들은 점차 늘고 있다. 정부의 적절한 규제와 소비자 개인의 현명한 판단, 보다 근본적으로는 기업의 자정적인 노력을 통해 환경 성과에 기반한 소통과 공시가 이뤄질 필요가 있다. 이번 장에선 마케팅 트렌드로 떠오르는 친환경 제품과 여론이 분분한 전기차 산업, 그리고 EU 택소노미를 필두로 한 원자력 발전을 중심으로 그린워싱의 사례와 이를 평가할 수 있는 몇 가지 지표들을 짚어 보고자 한다.

친환경 제품의 이면

제품을 하나의 유기체처럼 대한다면 어떨까? '생애 전 주기 평가(LCA·Life Cycle Assessment)'란 제품의 생애 전체에 걸쳐 환경 유해 물질을 얼마나 배출하는지 평가하는 것을 의미한다. 생명체가 아닌 제품에게 '생애life'라는 표현을 쓰는 것이 다소 어색할 수 있지만, LCA는 제품의 생애를 그 탄생부터 소멸까지로 본다. 스테인리스 스틸 소재의 텀블러를 예로 들자. 원재료인 스테인리스를 생산한 후 이를 이용해 텀블러를 제조하고, 제조된 텀블러가 사람에 의해 사용되고, 사용이 종료된 이후 폐기되는 일련의 과정을 생애라고 지칭한다. LCA는 이러한 모든 단계에서 발생하는 환경 영향을 평가하는 것으로, 특히 기후 위기 대응의 일환으로 온실가스 배출량을 평가할 때 가장 활발히 사용되고 있다.

　　LCA라는 개념이 주목받게 된 가장 큰 계기는 소재를 비롯해 제품의 단편적인 요소만으로 친환경 여부를 판단하기는 역부족이라는 인식 때문이다. 특히 일회용 제품과 다多회용 제품 간의 친환경성 논란이 그렇다. 일회용 종이컵 대신 재사용 가능한 텀블러를 쓰자는 캠페인이 지난 몇 년간 한국 사회를 뜨겁게 달궜으나, 종이컵 하나를 제조할 때보다 텀블러 한 개를 만들고 폐기할 때 더 많은 자원과 에너지가 든다는 것이 일반적인 상식이다. 취지가 좋다는 이유로 각종 텀블러를 구매 후 몇 번 사용하지 않고 폐기한다면 전 지구적으로는 어떤 영향을 미치게 될까?

2019년 5월 기후변화행동연구소가 LCA 관점에서 텀블러와 일회용 종이컵의 온실가스 발생량을 분석한 결과, 텀블러 한 개에선 평균 671그램의 온실가스가 발생한 반면 일회용 종이컵 한 개에선 평균 28그램의 온실가스가 발생했다. 다르게 말하자면 텀블러를 구매해 24번 미만 사용한다면 종이컵보다 더 많은 환경 오염을 유발할 수 있다. 캐나다 환경단체 시레이그Ciraig는 보다 상세한 연구를 진행했다. 텀블러를 원재료에 따라 가장 흔히 사용되는 스테인리스, 폴리프로필렌, 폴리카보네이트 텀블러로 구분해 각기 배출하는 온실가스의 양을 분석했다. 결론적으로 온실가스를 가장 많이 배출한 폴리카보네이트 텀블러의 경우에도, 90회 이상을 사용한다면 종이컵보다 환경을 덜 오염하는 것으로 확인됐다. 달리 말하면 텀블러를 구매해 90회 미만 사용한다면 친환경적인 소비로 보기 어렵다. 이는 환경에 미치는 영향 중 온실가스 배출량만을 고려한 계산이며, 텀블러를 세척하는 데 쓰는 물 등 다른 요소들을 복합적으로 고려한다면 차이는 좀 더 극명

해질 수 있다.

친환경 제품으로 자주 회자되는 에코백도 마찬가지다. 지난 2018년 덴마크 환경보호국은 면 재질의 에코백은 최소 7100번 이상 사용해야 같은 크기의 비닐 봉투를 사용했을 때보다 환경을 보호할 수 있다는 연구 결과를 발표했다. 에코백을 무분별하게 구매하는 것보다 차라리 비닐 봉투를 사용하는 것이 친환경적이라는 것이다. 패스트 패션fast fashion 기업이 의류를 대량 생산하는 과정에서 각종 폐기물을 발생시키고도 '친환경', '지속 가능성' 등의 키워드를 홍보에 사용하는 것 또한 유사한 비판에 직면할 수밖에 없다. H&M은 비영리 환경 단체 체인징마켓파운데이션Changing Markets Foundation이 지난 2021년 발표한 그린워싱 브랜드 보고서에서 '허위 주장 기업 1위'를 차지하는 불명예를 얻었다.[5] 자사의 친환경 의류를 적극 홍보하면서도 여전히 화석 연료로 생산하는 합성 소재의 비중이 높은 의류를 생산하고, 이를 재활용하려는 노력을 충분히 보이지 않는다는 것이 이유였다.

텀블러, 에코백같은 많은 친환경 제품들이 '좋은 취지'를 내세우며 소비자들의 마음을 사로잡고 있다. 그러나 기업은 제품의 생산 과정에서 유해 물질의 배출을 줄이고, 재활용 가능한 소재로 제품을 생산해야 하며 불가피하게 폐기해야 하는 제품이라면 폐기 과정에서도 유해 물질 배출을 최소화

하는 노력이 필요하다. 기업 못지않게 소비자의 역할도 중요
하다. 환경 보호에 앞장선다는 인플루언서가 매일 다른 프랜
차이즈 카페의 텀블러와 명품 패션 브랜드의 에코백, 패스트
패션 브랜드의 그린 마크가 찍힌 의류를 소셜 미디어에 업로
드하며 "환경을 보호한다"고 발언하는 것만큼 아이러니한 일
은 없다. 진심으로 기후 위기 대응에 동참하는 소비자라면 제
품의 생애 주기를 토대로, 진짜 친환경 제품을 판단할 비판적
시각을 갖는 것이 중요하다.

테슬라가 ESG 지수에서 퇴출된 이유

미국 테슬라가 2020년 자동차 업계 시가 총액 1위 기업으로
등극하기 전까지, 이 자리는 일본 도요타의 차지였다. 도요타
는 1997년 출시한 하이브리드 자동차 프리우스Prius의 성공에
힘입으며 하이브리드 시장 점유율을 높여 가는 동시에 친환
경 기업으로서의 이미지를 구축해 왔다. 레오나르도 디카프
리오 등 미국 할리우드의 유명한 연예인들이 프리우스를 타
고 다니며 '환경을 생각하는 인플루언서'라는 대중의 인식이
커졌고, 이러한 도요타의 마케팅 전략은 상당 기간 성공을 거
뒀다.

그러나 하이브리드차를 정말 친환경 자동차라고 말할
수 있을까. 하이브리드차가 친환경이라면 그린피스와 같은

환경 단체들은 왜 지난 2020년 하이브리드차를 기후 변화를 촉발하는 3대장 중 하나로서 가솔린차, 디젤차와 동일하게 취급하며 그린워싱이라고 비판했을까? 이에 답하자면, '그때는 맞고 지금은 틀리'기 때문이다.

과거 석탄 발전이 에너지 생산 방식의 유일한 선택지였던 상황에서, 고효율 석탄 발전은 같은 양의 석탄에서 더 많은 에너지를 생산하고 환경 유해 물질을 적게 배출했다. 따라서 고효율 석탄 발전은 전통적인 석탄 발전에 비해 친환경적이라고 여겨졌다. 하지만 태양광과 풍력 발전 등 재생 에너지의 시대가 도래한 지금, 고효율 석탄 발전을 두고 친환경적이라고 말하는 것은 큰 비판에 직면할 수밖에 없다. 중국이 2016년 자국에 특화된 녹색 채권 가이드 라인을 마련할 당시 고효율 석탄 발전을 녹색 사업에 포함하면서, 유럽 등 선진국의 비판을 받은 것 역시 같은 이유다.

하이브리드차도 마찬가지다. 내연차 대비 연료를 적게 소비하고 온실가스를 적게 배출한다는 점에서, 과거에는 하이브리드차가 친환경적이라고 주장할 만한 근거가 있었다. 하지만 전기차 시대가 도래한 시점부터는 온실가스 배출량이 내연차와 거의 비슷한 하이브리드차를 더 이상 친환경적이라고 말할 수는 없게 됐다. 과거엔 친환경 투자로 부상했던 기술이라도 시대가 바뀌며 유의미한 환경 성과를 창출하지 못할 때, 이를 계속 친환경 기술로 일컫는다면 그린워싱에 해당한다.

　　도요타는 이러한 시대적 흐름을 제대로 읽지 못한 채 하이브리드차 시장에 집중했다. 더 큰 친환경 성과를 창출할 수 있는 전기차로의 전환보다는 하이브리드차가 가진 기존의 경쟁력을 유지하고자 한 것이다. 자사 광고에서 하이브리드차는 전기차에 비해 충전 시간이 짧다는 점을 부각하며 최근까지도 소비자에게 하이브리드차가 전기차보다 우월하다는 메시지를 전달해 왔다. 하지만 EU에서 2035년까지 유럽 내 내연 기관차 시장과 더불어 하이브리드차 시장을 퇴출하겠다고 발표하고, 영국이 이보다 앞선 2030년까지 하이브리드차 판매를 금지하겠다고 선언하며 도요타의 발등에 불이 떨어졌다. 지난 2021년 말, 도요타는 다수의 전기차 출시 계획을 발표하며 뒤늦게 전기차 시장의 흐름에 올라타는 모습을 보이기 시작했다. 그러나 EU의 친환경 정책에 철퇴를 맞은 후 급하게 방향을 선회한 도요타가 향후에도 자동차 산업 내 1위 자리를 쟁취할 수 있을지는 의문이다. 자동차 시장의 1위 자리는 이미 테슬라에게 넘어간 지 오래다. 기존 내연차 기업 중에서는 1위 자리를 유지하고 있으나 이 역시 현재의 추세로 보면 지속하기 어렵겠다는 생각이 든다. 테슬라 대비 신생 전기차 업체인 미국의 리비안Rivian이나 루시드Lucid 같은 기업들의 시가 총액은 이미 스웨덴의 볼보나 일본의 닛산 같은 전통적인 자동차 기업의 시가 총액을 앞지른다. 미래에는 전통적인 자동차 기업 중 전기차 기술력을 보유한 곳과 그렇지 못한 곳 간의 격차가 더욱 크게 벌어질 것이다.

10년 전 테슬라가 처음으로 세단형 전기차 '모델 S'를 출시할 때만 해도 전기차의 시대가 도래할 것이라고 생각한 사람은 많지 않았다. 테슬라의 보급형 전기차 '모델 3'가 공개된 6년 전까지도 비슷한 상황이었다. 당시 나는 독일 프리미엄 자동차 회사 중 한 곳과 국내 전기차 출시를 위한 프로젝트를 진행하고 있었다. 전기차에 대한 국내 인식을 파악하고자 진행한 소비자 인터뷰에서, 대다수의 소비자들은 "전기차를 선호하지 않는다"고 답했다. 긴 충전 시간, 빈약한 충전 인프라, 짧은 주행 거리 등으로 인한 불편 등이 그 이유였다. 그럼에도 당시 전기차를 구매하던 소비자는 크게 두 가지 유형이었는데, 한 유형은 새로운 IT 제품을 체험하는 기분으로 전기차를 구매하는 얼리 어답터early adopter들이었던 반면 다른 유형은 전기차의 친환경적인 성과에 주목하고 그 가치에 공감하는 녹색 소비자들이었다.

불과 몇 년 사이, 전기차는 이제 자동차 시장의 확고한 대세로 자리 잡았다. 국내 프리미엄 자동차 브랜드 제네시스는 2025년부터 전기차로만 신차를 출시하고, 2030년부터는 전기차만 판매하겠다고 선언했다. 독일을 비롯한 선진국 자동차 회사 역시 유사한 전략을 펼치고 있다. 유럽 자동차 시장을 선도하는 독일 폭스바겐은 유럽에서 2030년까지 판매되는 전체 차량 중 전기차 비중을 70퍼센트까지 높이겠다고 발표했다. 지난 2022년 7월, EU 차원에선 2035년 이후에는 유럽 내 내연차 판매 자체를 금지하겠다고 밝혔다. 마지막까지 하이브리드차를 잡고 있었던 일본의 토요다 아키오Toyoda Akio 사장마저 전기차 시장으로의 방향 전환을 예고하며 전기차는 자동차 산업의 불가피한 뉴 노멀이 됐다.

사실 지난 130년 넘게 구축해 온 내연차 시장을 전기차 세계로 전환하는 것은 간단치 않은 일이었다. 다양한 부품 회사는 물론, 수많은 주유소와 자동차 수리점까지 자동차 시장은 여러 산업군에 걸쳐 연결돼 있고 막대한 자본도 함께 묶여있기 때문이다. 그렇다면 전기차가 이렇게까지 단기간에 산업의 중심으로 부상할 수 있던 이유는 무엇인가?

크게 두 가지 이유다. 기후 변화, 그리고 테슬라의 등장이다. 우선 기후 변화에 대응하기 위해 화석 연료와의 결별은 선택이 아닌 의무였다. 온실가스 배출량이 높은 순서로 줄을 세운다면 석탄, 석유, 천연가스 순으로, 이들 에너지의 대안을 찾는 것이 세계 각국의 과업이었다. 자연스레 석유가 가장 많이 사용되는 운송 부문에서의 변화가 필수적이었고, 이러한 상황에서 유럽의 전기차 전환은 선도적이었다. 다만 자동차 산업은 유럽의 핵심 산업이고 역사와 전통이 깊은 만큼, 그리고 수많은 노동자의 일자리와 연결된 시장인 만큼 전기차로의 전환이 순탄치만은 않았다. EU 집행위원회에 따르면 자동차 산업은 2022년 기준 유럽 전체 고용 중 6.1퍼센트에 기여하고 있으며 자동차 제조업에 특화해서 본다면 전체 제조업 고용 중 8.5퍼센트를 차지한다.

이때 미국에서 등장한 것이 일론 머스크의 테슬라다. 테슬라는 2012년 '모델S'로 전기차 시장의 새로운 가능성을 보여 줬으며, 이후 2017년 '모델 3'를 통해 대량의 전기차를 시장에 보급했다. 모델 3는 2018년 말 미국 프리미엄 자동차 시장에서 판매량 1위를 기록한 것은 물론, 미국에서 가장 자동차가 많은 캘리포니아주에서 2020년 1분기 판매량 1위를 차지했다. 국내에서도 2020년 3월, 가장 많이 팔린 수입 자동차 1위에 등극한 바 있으며 지난해 전 세계 프리미엄 세단 판매량 순위에서도 1위에 올랐다. 이를 통해 소비자들은 전기차가 내연 기관차를 대체하거나 혹은 적어도 새로운 경험을 줄 제품이 될 수 있겠다는 가능성을 처음으로 체감했다. 기후 변화에 대응하는 전기차 전환의 필요성을 느끼던 시점에, 이를 달성할 기술력을 갖춘 브랜드가 시장에 등장하며 본격적인 전기차 시대가 도래할 수 있던 것이다.

그러나 하이브리드차와 마찬가지로, 전기차가 과연 친환경적인가에 대해선 여전히 의견이 분분하다. 가장 논란이 되는 부분은 생산 과정이다. 전기차를 생산할 때 발생하는 온실가스의 양이 내연차를 생산할 때에 발생하는 양보다 많기 때문에, LCA 관점에서 전기차가 친환경적이라는 믿음은 오류라는 것이다.

이 논쟁을 해결할 열쇠 또한 데이터에 있다. 그린피스에 따르면 폭스바겐의 내연 자동차 한 대가 생산 단계에서 배출하는 온실가스는 평균적으로 5~6톤인데, 테슬라 전기차는 생산 과정에서 한 대당 평균 8~9톤의 온실가스를 배출한다. 다만 LCA 관점에서 이 자동차의 생산 단계뿐 아니라 사용 단계와 폐기 단계를 종합적으로 고려해야 한다. 특히 사용 단계를 살펴보자. 전기차의 온실가스 배출량은 미미한 반면, 내연차는 30톤 이상의 온실가스를 배출한다. 즉 생애 주기로 계산한다면 약 35톤의 온실가스를 배출하는 폭스바겐 내연차는 10여 톤의 온실가스를 배출하는 테슬라 전기차에 비해 평균약 세 배 이상의 온실가스를 배출한다.

전기차의 연료인 전기를 생산할 때 발생하는 화석 연료량 또한 고려해야 한다. 유럽에서 석탄 발전 비중이 가장 높은, 거칠게 말해 가장 친환경적이지 않은 방식으로 전력을 생산해 온 폴란드의 경우에도 전기차는 내연차보다 온실가스 배출량이 약 25퍼센트 적다. 반면 친환경적으로 전력을 생산하고 이를 전기차의 에너지원으로 사용하는 스웨덴에서 전기차를 운행할 경우, 내연차 대비 오직 20퍼센트 수준의 온실가스만 발생하는 극적인 효과를 낳는다.[6]

　　현재 전기차 시장을 선도하는 테슬라의 ESG 경영에 대한 업계 평가는 어떠한가? 지난 2022년 5월, 테슬라는 S&P 500 ESG 지수에 편입된 지 불과 1년 만에 인권 및 탄소 배출 전략 부재 등의 이슈로 퇴출됐다. S&P 500 ESG 지수는 미국에서 모건 스탠리가 운영하는 MSCI ESG 지수와 함께 가장 대표적으로 활용되는 ESG 지수다. 해당 지수는 환경과 사회, 지배 구조 데이터를 토대로 기업을 평가해 지수 편입과 편출을 결정하는데, 매년 그 편입 및 편출 대상을 재조정한다. 지수 퇴출 직후 일론 머스크 CEO는 탄소 배출량이 높은 석유기업 엑슨모빌ExxonMobil이 해당 지수에 포함됐다는 점을 언급하며 "ESG는 사기ESG is a scam"이며, "거짓된 사회 정의 투사들에 의해 무기화됐다"고 비판했다. 전기차 시장을 선도하는 기업인 테슬라가 ESG 지수에서 퇴출된 이유는 무엇인가? 이에 대한 답을 얻기 위해서는 '친환경'과 'ESG'의 상관관계에 대해 이해할 필요가 있다.

　　테슬라의 전기차는 수송 부문의 온실가스 감축을 통해 기후 변화 대응에 중요한 축을 이루고 있다. 하지만 수송 부문의 실적만으로는 테슬라를 친환경 기업 또는 ESG 기업으로 볼 수 없다는 것이 S&P를 포함한 ESG 평가 기관들의 견해다. 기업의 ESG 경영 수준을 평가할 때 해당 기업이 E·S·G 각 항목에서 얼마큼 성과를 관리하고 있는지를 중심으로 판단하기 때문이다. 다시 말해 해당 기업의 사업장에서 발생하는 온실가스를 포함한 환경 유해 물질을 감축하기 위해서 어떠한 전략을 펼치고 있는지, 임직원과 협력 업체의 인권을 위해 어떠한 노력을 하고 있는지 등 ESG 전반에 걸친 기업의 전략과 노력을 평가한다. 테슬라가 S&P 500 ESG 지수에서 퇴출된 것은 사업장 관리나 온실가스 외에 다른 환경·사회·지배 구조 측면에서는 보완해야 할 사항이 아직 많다는 점을 시사한다. 전기차 생산 과정에서 발생하는 온실가스를 감축하기 위한 노력이 부실하거나, 온실가스 외에 유독성 환경 유해 물질에 대한 관리가 이뤄지지 않거나, 환경 외 다른 사회·지배 구조와 관련해 미흡한 사항들이 있었던 것이다.

이처럼 ESG 경영이 선택이 아닌 의무로 자리 잡은 시대에는 한 가지 항목에서 유의미한 성과를 냈다는 사실만으로 다른 항목에서의 부족한 성과가 참작되지 않으며, 모든 구조 측면에서 다각도로 높은 수준의 성과를 달성할 것을 요구한다. 테슬라 역시 ESG 전반에 대한 활동을 보완한다면 향후 기후 변화에 대응하는 친환경 기업으로서 인정받을 수 있을 것이다.

뿐만 아니라 전기차는 원료 자체를 생산하는 과정 또한 녹색 전환을 도모해야 한다. 화석 연료로 전기를 생산하는 나라에서 전기차는 반쪽짜리 녹색 상품이 될 수밖에 없다. 즉 내연차를 대체하는 전기차로의 전환과 동시에, 녹색 에너지로의 전환도 병행해야 한다.

만약 에너지 차원의 녹색 전환도 성공한다면, 이후의 관전 포인트는 승용차가 아닌 기타 운송 수단의 변화다. 앞서 말했듯 에너지 전환은 현재 석유와 석탄이 가장 많이 사용되는 승용차 부문에서부터 이뤄지고 있다. 그다음은 운송 트럭으로 대표되는 상용차가 전기차 시장으로의 대대적인 전환을 경험할 것이고, 그다음에는 선박과 비행기 역시 에너지원 변화가 이뤄질 수 있다. 이미 일부 선진국에서는 전기 비행기에 대한 실험이 이뤄지고 있으며 수소 비행기 연구도 진행 중에 있다. 미국 나사NASA가 2016년부터 개발을 시작한 전기 비행기 'X-57 맥스웰'은 60킬로와트시의 전기 모터 2개와 9킬로와트시 전기 모터 12개 등 총 14개의 모터를 사용하며, 최고 목표 시속은 시간당 282킬로미터로 기존 비행기의 시속과 맞먹는다. 유럽의 대표적인 항공기 제조 업체 에어버스Airbus 또한 수소를 사용하는 '무탄소' 항공기를 2035년까지 상용화하겠다고 선언했다. 형태는 터보팬turbofan 항공기, 터보 프

롭turboprop 항공기, 동체 날개 일체형 항공기의 세 가지 형태로 2025년까지 적합한 기술을 개발하고 2020년대 후반에는 시제품을 내놓겠다는 것이 에어버스의 구상이다. 배터리 기술이 고도화된 다음 세대에는 전기 선박과 전기 비행기, 더 나아가 수소 비행기의 시대가 도래할 것이며 그에 발맞춰 새로운 에너지원의 친환경 성과를 정량적으로 평가할 기준 또한 마련될 것이다.

원자력, 친환경과 친기후 사이에서

올해 1월, 원자력과 천연가스를 EU 택소노미에 포함할 것인지에 대한 논쟁이 뜨거웠다. EU 택소노미가 녹색의 여부를 판단하는 유럽 차원의 기준인 만큼, 여기에 원자력이 포함되는 순간 원자력은 EU가 공식적으로 인정하는 친환경 에너지원이 된다. 물론 원자력을 궁극적으로 지향하는 것이 아니라 한시적인 방편으로 허용하겠다는 계획이지만, 그간 유럽이 지켜 온 탈원전 기조를 뒤엎는 선택이었던 만큼 전 세계적인 화제가 됐다. EU 내부적으로도 의견은 갈렸다. 오래전부터 탈원전을 선포한 독일은 택소노미에 원자력을 포함하는 것을 반대한 반면, 프랑스는 안정적인 에너지원 확보를 위해 찬성의 입장을 밝혔다. 치열한 논쟁 끝에 2022년 7월, EU 택소노미에 원자력과 천연가스를 포함하는 안이 최종적으로 확정

됐다.

지금까지 유럽 연합이 친환경으로의 전환을 도모하던 움직임과는 상반된 결정에, 다수 환경 단체가 그린워싱에 대한 우려를 표했다. 앞서 살펴본 바와 같이 EU 택소노미는 EU가 제시한 녹색 기준이다. 따라서 'EU가 원자력을 택소노미에 포함한다'는 것은 'EU가 원자력을 녹색 발전으로 인정하겠다'는 의미다.

문제는 방사성 폐기물 문제를 비롯해, 원자력 발전이 환경 유해 물질을 줄이는 데 생각만큼 효과가 크지 않다는 것이다. 이에, 세계자연기금(WWF·World Wildlife Fund)을 비롯한 환경 단체들은 정부가 원자력 발전이 친환경이라고 선언하고 이에 대한 정책을 발표하는 것이 국가적인 차원의 그린워싱이라고 주장한다.[7] 그렇다면 원자력 발전의 친환경 여부는 어떻게 판단할 수 있을까?

우선 원자력 발전은 기후 변화가 다른 환경 의제와 항상 연계되지는 않는다는 것을 보여 주는 대표적인 사례. 전통적으로 기후 변화는 기후 위기 시대에 도래한 여러 환경 의제들 중 하나였으며, 기후 변화를 막기 위한 노력이 결국 환경 보호를 위한 것이었다. 기후 변화를 막기 위해 노력하는 속칭 '기후인'과 환경을 지키기 위해 싸우는 속칭 '환경인'은 주로 같은 목소리를 내 왔다. 하지만 원자력 발전과 관련해서는 기후인과 환경인의 입장이 다를 수 있다. 계속해서 강조한 것처럼 기후 변화를 막기 위해서는 온실가스 배출을 줄이는 것이 핵심이며, 전력 생산에 있어서는 온실가스를 최다 배출하는 석탄 산업을 축소하는 것이 가장 중요하다. 이에 따라 한국을 포함한 주요 국가의 정부와 금융 기관들은 탈석탄 선언을 통해 석탄 발전에 지원이나 투자를 하지 않겠다고 발표하고 있다. 하지만 석탄을 사용하는 기저 발전원, 다시 말해 안정적이고 낮은 가격으로 전력을 지속적으로 공급할 수 있는 발전원으로서의 역할을 신재생 에너지가 대체하기엔 현실적인 어려움이 있다. 자연에 의존하는 에너지인 만큼 안정성이 떨어지고, 결정적으로 신재생 에너지를 통한 전력 생산은 화석 연료, 특히 석탄 발전 대비 비용이 많이 든다. 반면 유엔 유럽경제위원회가 2022년 발표한 보고서에 따르면 LCA 관점에서 원자력 발전의 온실가스 배출량은 키로와트시당 4.9~6.3그램으로 석탄 발전 중 가장 배출량이 낮은 설비인 석탄 가스화 복합 발전(IGCC·Integrated Gasification Combined Cycle)의 753~912그램보다 압도적으로 적은 배출량을 보인다.[8] 온실가스 배출만을 고려한다면 원자력 발전은 석탄 등 화석 연료를 사용한 발전과 비교했을 때 충분히 친-기후적이며, 안정적으로 전력을 공급할 수 있다는 장점을 고려한다면 기후 변화 대응에 크게 기여할 수 있다. 현실적 조건을 고려했을 때 세계 여러 나라, 특히 우리나라에서 단기간에 석탄 발전을 줄일 수 있는 거의 유일한 대안은 원자력 발전을 늘리는 것이라는 얘기가 나오는 것 또한 이 논리에서다.

하지만 모두가 알고 있는 것처럼 원자력 발전은 방사성 폐기물이라는 또 다른 큰 문제를 안고 있다. 여기서 딜레마가 생긴다. 기후 변화를 늦추기 위한 현실적인 대안은 원자력 발전이지만, 원자력 발전으로부터 발생하는 방사능 물질은 심각한 환경 파괴를 초래할 수 있다. 다시 말해 원자력 발전은 친-기후적이라고 말할 수 있지만 친환경적이라고 말하기는 어렵다. 결국 어떤 가치를 우선으로 둘 것인지에 따라 원자력 사용 여부를 판단할 수밖에 없는 상황에 직면한 것이다. 원자력 발전 시 방출되는 방사능 물질의 문제가 기후 변화 문제보다 심각하다면, 탈원전 기조를 유지하는 편이 합당하다. 반대로 기후 변화를 늦추는 것이 다른 환경 의제보다 중요하다는 사회적 합의가 이뤄진다면, 원자력 발전을 한시적으로는 허용하는 것이 자연스러운 결정이다. 유럽 연합은 후자를 택했고, 우리나라 또한 최근 새 정부의 기조에 따라 유사한 선택이 예상된다.

이러한 EU의 결정에 따라 국가적 차원의 그린워싱에 대한 우려의 목소리가 불거지고 있다. 원자력 발전이 온실가스 감축에 기여할 수 있다고 해서 친환경 에너지로 부각하고,

그 이점을 홍보하는 것이 그러하다. 향후 수소 에너지 등 원자력을 대체할 기술이 발전하고 경제성을 확보해 상용화된다면, 원자력은 고효율 석탄 발전이나 하이브리드차와 같이 기후 변화에 대응하는 에너지원으로서의 역할을 더 이상 할 수 없게 된다. 도리어 방사능 문제 등 심각한 환경 피해를 유발함에 따라 퇴출 대상이 될 것이다. 따라서 소비자는 물론, 정부와 기업 차원에서도 원자력 발전은 현실과 이상 사이에서 중심을 잡고 객관적으로 바라보는 접근이 필요하다.

실제로 EU 역시 원자력을 무기한적인 '그린'으로 인정하겠다는 입장은 아니다. 원자력 발전을 녹색으로 인정하는 유효 기간은 2045년까지며, 천연가스 발전은 이보다 앞선 2030년까지만 녹색으로 인정한다. 그때부턴 새로운 대안이 등장해 원자력과 천연가스를 대체하리라는 전망하에 이러한 유예 기간을 마련한 것이다. 원자력의 폐기물과 관련해서도 기후인과 더불어 환경인의 요구를 함께 만족시킬 수 있는 엄격한 환경 관리 기준을 전제 조건으로 제시했다. 구체적으로 2050년까지 고위험의 방사성 폐기물을 관리 및 처리할 수 있는 고준위 방사성 폐기물 처분장에 대한 국가 계획을 수립하고, 여기에 필요한 비용을 조달할 방안을 마련해야 한다. 뿐만 아니라 핵분열 과정에서 발생하는 열로 인해 원자력 발전 내부 시설물이 녹아내리는 노심 용융nuclear meltdown에 대한 대책도 포함돼 있다. 노심 용융 현상에 따라 대량의 방사성 물질이 확산하는 대형 사고가 발생하는 리스크를 최소화하기 위한 목적으로, 2025년부터는 원자력 발전 시 사고 저항성 핵연료(ATF·Accident Tolerant Fuel)를 사용해야 한다는 조건을 제시한 것이다. 말하자면 기존과 같이 폐기물 처리에 안일했던 원자력 발전 방식은 한시적으로라도 인정하기 어려우며, 새롭게 도입한 높은 수준의 기준들을 만족해야만 2045년까지 새로운 원전 건설을 허가해 주겠다는 입장이다.

따라서 "EU도 원자력을 녹색 분류 체계에 포함했기 때문에 원자력 발전은 친환경 에너지원이자 앞으로도 인류가 추구할 최상의 에너지원"이라고 얘기한다면 이는 명백한 오류이며, 이 관점에서 환경 정책을 펼친다면 국가적 차원의 그린워싱이라는 비판으로부터 자유로울 수 없다. 원전은 기후변화라는 전 세계적 위기에 대응하고자 단기적으로 취하는 에너지원이며, 새로운 대안이 생긴다면 퇴출해야 할 에너지원이라는 것이 정확한 표현일 것이다.

사회 과학 분야의 다른 많은 논쟁 거리처럼, 녹색의 기준 역시 기술의 발전과 시대적 흐름에 따라 그때는 맞고 지금은 틀린, 혹은 지금은 필요하지만 미래엔 부적절한 경우는 얼마든지 발생할 수 있다. 영화 〈아이언맨Iron Man〉의 주인공 토니 스타크는 생명을 유지하는 동시에 아이언맨 슈트를 가동하기 위해 가슴팍에 아크 원자로를 달고 있다. 아크 원자로는 팔라듐이라는 원소를 촉매로 한 아주 작은 핵융합 장치인데, 이 팔라듐에서 나오는 독성 물질로 인해 아이언맨이 점점 죽어가는 내용이 〈아이언맨2Iron Man2〉의 주요 줄거리다. 결말에서 토니 스타크는 결국 아버지로부터 영감을 받아 독성이 없는 새로운 물질을 개발하고, 이를 통해 몸에 퍼져 있던 독성을 해소해 더 강한 에너지를 가진 아이언맨으로 거듭나게 된다.

생존을 위해 몸속에 독성 물질을 달고 다녔던 토니 스타크의 모습은 어쩔 수 없이 원자력 발전을 한시 허용한 현실 세계의 상황과 겹쳐 보인다. 토니 스타크가 문제를 해결할 수 있는 새로운 에너지원을 찾아낸 만큼, 지금의 국가적 과제는 원자력을 불가피한 에너지원으로 받아들이고 이를 충분히 친환경적이라고 대중을 안심시키는 행위가 아니다. 원자력 발전의 문제를 해결할 또 다른 에너지원을 찾아내는 것이다. 인공 태양, 수소 에너지 등 새로운 에너지원에 대한 연구가 대대적으로 이뤄져 왔으나 갈 길은 멀어 보인다. 기후 변화와 환경 오염 중 차악을 선택하는 것이 아닌, 두 위기에 동시 대응할 새로운 에너지원을 모색할 필요가 있다. 진정한 녹색을 도모하는 길목에 숨은 그린워싱의 유혹을 뿌리치며, 객관적으로 녹색을 판가름하는 새 시대를 기대해 본다.

2022년 8월, 115년 만의 폭우가 중부 지방을 강타하며 영화 〈기생충〉의 장면이 현실로 나타났다. 30명 이상의 인명 피해가 발생했으며, 3000개 이상의 주택과 상가가 침수됨에 따라 재산 피해가 잇따랐다. 특히 반지하 주택에 사는 취약 계층에게 일어난 인명 피해에 많은 국민이 안타까운 마음을 표했다. 누군가에게는 장마철 잠깐의 불편한 이슈인 폭우가, 취약 계층에게는 심각한 생존의 위협이 된 것이다.

이러한 기상 이변의 문제는 우리나라만의 일이 아니다. 미국의 사막에서는 1000년에 한 번 나올까 말까 하는 홍수가 발생했고, 정작 비가 필요한 유럽은 폭염으로 인해 철로가 휘어지고 가뭄 및 산불 피해를 겪고 있다. 재난 영화에서나 보던 자연재해와 바이러스는 이미 인류에게 현실이 됐으며, 지금과 같이 화석 연료를 사용하고 자연 생태계를 파괴해 나간다면 영화 이상의 심각한 현실이 우리에게 닥칠 수밖에 없다.

문제는 이게 끝이 아니라는 것이다. 러시아-우크라이나 전쟁은 에너지 대란을 유발하며 지금까지 국제 사회가 이끌어 온 기후 위기 대응의 노력을 위축시켰다. 전쟁을 선포한 러시아에 유럽이 제재를 가하자 푸틴 러시아 대통령은 이에 대한 반발로 유럽에 천연가스 공급을 중단했다. 지금껏 천연가스 발전을 EU 택소노미에 포함시키고 친환경 발전으로의 전환을 도모해 온 유럽은 러시아의 대응에 따라 다시 석탄 발전량을 늘려야 하는 상황이며, 기존 2050년 탄소 중립 달성이라는 목표에는 빨간불이 켜지고 있다.

이러한 상황에서, 기후 변화 대응에 쓰일 비용을 낭비하지 않기 위해 우리에게 주어진 역할은 무엇일까? 언론에서 보도하는 그린워싱의 주체는 대다수가 기업인 탓에, 기업 스스로의 자정 작용이 중요하다고 생각할 수 있다. 그러나 기업을 감시하고 처벌하는 것만으로는 그린워싱의 리스크를 완전히 배제할 수 없으며, 보다 다양한 주체들이 행동에 나서야 한다. 이번 장에서는 기업과 정부, 투자자, 그리고 소비자에게 기대되는 역할을 각 집단별로 살펴보겠다.

성과를 소통하는 3단계

기업이 우리 사회에 미치는 영향을 생각해 보면, 그린워싱을 방지하는 것뿐만 아니라 녹색 활동을 확대하는 데 있어 기업의 역할은 어떤 주체보다도 중요하다. 기업의 친환경 성과를 논할 때는 크게 세 가지 단계를 고려해야 한다.

- 제품을 기획하고 생산하는 단계
- 제품의 친환경 성과를 창출하는 단계
- 제품의 친환경 성과를 측정하고 관리하는 단계

먼저 제품 생산 단계에서 환경에 악영향을 미치는 유해 물질을 배출하지 않아야 한다. 지난 2020년 방영된 OCN 드라마 〈경이로운 소문〉에선 폐수를 무단으로 방류하는 악덕 기업과, 이로 인해 목숨을 잃거나 치명적인 질환을 얻게 된 피해자들의 이야기가 등장한다. 다른 드라마에서도 흔히 등장하는 이 레퍼토리는 주로 기업이 사업장 관리를 제대로 하지 않을 때 발생한다. 또는 기업이 직접 운영하는 사업장의 경우 관리는 철저히 이뤄지지만, 제품 생산을 위해 원료를 납품받는 협력사 사업장에서 관리를 철저히 하지 않아 유사한 문제가 발생하기도 한다. 우리나라는 자연환경보전법, 환경영향평가법 등 환경 보전을 위한 법과 제도를 구비한 국가로, 기업이 기준치 이상의 오염 물질을 배출하는 행위는 위법이다. 또한 위법 수준의 오염 물질이 아니어도 주민들이 피해를 호소하는 경우에는 사회적 지탄의 대상이 될 수 있으며 이로 인해 영업 활동에 문제가 발생할 수 있다. 따라서 자사의 사업장 관리는 물론, 공급망 리스크 관리 차원에서 협력사가 환경 유해 물질을 올바르게 관리하고 있는지에 대해 주기적인 감독을 진행하는 노력이 필요하다.

다음 단계는 성과를 창출하는 것이다. 기업이 생산한 제품 혹은 제공하는 서비스가 환경에 미친 악영향을 저감하는 일, 다시 말해 실질적으로 친환경적인 효과를 보이는 제품 및 서비스를 개발하는 활동이다. 화석 연료를 사용하는 내연기관차, 에너지 효율이 낮아 타제품 대비 전기를 많이 사용하는 가전제품, 재활용이 어려운 플라스틱을 대량으로 사용하는 식음료품 등 소비자가 제품을 이용하는 단계에서 환경에 부정적인 영향을 미치는 제품이 많다. 소비자의 행동을 기업이 통제하는 것은 현실적으로 어려우므로, 연구 개발 단계에서부터 유해한 원재료의 사용을 최소화하거나 재활용 가능한 원재료로 대체해서 제품을 생산할 필요가 있다.

이와 같이 친환경 성과를 창출했다면, 그 성과를 정량적으로 측정하고 관리하는 노력이 이뤄져야 한다. 에너지 효율이 높은 제품, 혹은 재활용 가능한 원재료의 비중을 높인 제품을 제작한 뒤 동종 업계의 다른 제품과 그 차이를 비교하는 것이다. 다만 이러한 활동이 일회성 노력에 그치지 않기 위해서는 3장에서 다룬 LCA 개념을 적용해, 제품 생산 전 과정에서의 친환경 성과를 측정할 필요가 있다. 국내 대표 화학 기업인 LG화학의 경우 〈지속가능경영보고서〉를 통해 2022년까지 국내에서 생산하는 자사의 전 제품에 대한 LCA를 완료하고, 2023년까지 해외에서 생산하는 전 제품에 대한 LCA를 완수하겠다고 밝힌 바 있다.[9]

이처럼 제품의 전 생애에 걸친 포트폴리오를 만들고 거시적인 관점의 친환경 성과를 분석하는 방식으로 제품의 사후 관리 체계를 전환하려는 노력이 기업 측에서 이뤄지고 있다. 친환경 기업을 표방하는 기업 중에는 데이터를 조작해 소통하는 기업도 있을 수 있고, 혹은 데이터를 정확히 측정하는데 실패해 잘못된 정보를 소비자에게 전달하는 기업도 있을 수 있다. 양자 모두 법적인 제재를 받아야 할 위법 활동인 동시에 소비자를 기만하는 행동에 해당한다. 친환경 기업으로서의 비전을 가진 경영진이라면, 감성에 호소하는 홍보 전략에 치중하는 대신 정확한 데이터를 산출하고 이를 기반으로 각종 이해관계자와 소통하는 체계를 갖출 것이 기대된다.

친환경도 구심점이 필요하다

모든 기업이 친환경 성과를 창출하고자 정확한 데이터를 도출하고 이를 기반으로 소통한다면 정부에겐 특별히 주어진 과업이 없을 것이다. 하지만 그린워싱으로 점차 복잡다단한 문제가 제기되고 있는 현실을 고려할 때, 감독 당국으로서 정부의 역할은 어느 때보다 중요해지고 있다.

- 기업이 친환경 성과를 올바로 측정하고 공시할 수 있는 기준 제시
- 해당 정보의 신뢰도를 검증할 인증 제도 마련
- 잘못된 정보로 소통하는 기업에 대한 규제 및 처벌

특히 위 세 가지 역할을 정부에게 기대할 수 있다. 우선 무엇이 친환경인가에 대한 정확한 기준을 제시하는 것이다. 보다 정확히는 정부 혹은 정부가 인정한 공신력 있는 단체에게 주어진 역할이다. 기업이 재무 성과를 정확히 측정하고 공시할 수 있도록 한국회계기준원에서는 회계 기준을 제정하고, 정부는 기업에게 그 기준에 부합하는 재무제표를 공시하도록 요구한다. 기업의 친환경 성과에 있어서도 유사한 접근이 필요하다. 2장에서 살펴본 바와 같이 국내에선 환경부 주도하에 녹색 활동의 진위를 판단하는 K-택소노미가 제정됐다.

또 한국회계기준원을 포함한 국내 다수 기관들이 국제사회의 환경 성과를 포함한 비재무 정보 공시 기준에 대한 논의에 관여하고 있다. 비재무 정보 공시 기준의 경우 국제회계기준(IFRS·International Financial Reporting Standards) 재단 주도로 마련한 국제 기준인 만큼 특정 국가의 의견을 전부 반영하긴 어려우나, 추후 국내 도입을 고려해 각국의 상황에 맞게 유연한 조정이 가능하도록 목소리를 내는 것은 가능하다. 실제로 우리나라는 '한국 채택 국제회계기준'이라는 명칭하에 국내 상황에 맞는 상세 기준들을 제시하고 있다. 우리나라 현 정부 계획상, 상장 회사들은 2025년부터 순차적으로 비재무 정보를 의무적으로 공시해야 한다. 이에 대한 기준으로는 IFRS

재단이 마련한 비재무 정보 공시 기준이 한국 채택 기준으로 활용될 가능성이 높으며, 친환경 성과를 포함한 비재무 정보 공시에 관심이 있는 기업이라면 해당 공시 과정을 계속해서 살필 필요가 있겠다.

기업이 기준에 맞춰 친환경 성과를 측정하고 공시하더라도, 이를 기업의 이해 관계자가 그대로 신뢰할 수 있을까? 일반적인 공시에 있어 기업이 의도적으로 혹은 착오로 잘못된 정보를 공시하는 문제를 방지하고자, 독립적인 외부 기관의 감사를 받는 체계는 이미 마련돼 있다. 우리나라의 모든 상장 회사들은 의무적으로 외부 감사를 받아야 하며, 비상장 회사라고 하더라도 매출액 100억 원 이상 등 일정 규모 이상의 기업은 법적으로 외부 감사를 받을 의무가 있다.

친환경 성과 공시에 있어서도 동일한 접근이 필요하다. 향후 사회적 논의를 거쳐 구체적인 기준이 만들어져야겠으나, 정부에 등록된 회계 법인만이 회계 감사를 수행할 수 있듯이 정부가 인정한 외부 기관의 역할이 중요해질 것이다. 이러한 기관에게 요구되는 것은 친환경 성과에 대한 전문성뿐만 아니라 외부 인증에 대한 전문성이다. 국내의 환경 컨설팅 기관은 이러한 환경 전문성과 인증 전문성, 두 역량 중 한 가지 역량만을 갖춘 경우가 많다. 따라서 정부 차원에서 역량 있는 인증 기관을 확보하고, 해당 기관을 통해 기업이 주기적으로 친환경 성과를 검증받도록 관리하는 체계를 마련해야 한다.

끝으로 기업의 그린워싱에 대한 책임을 묻는 제도가 필요하다. 녹색 데이터가 자본으로 연결되며 그린워싱의 소지도 증가함에 따라, 선진국에서는 이미 이를 방지하기 위한 입법을 진행하고 있다. 미국 캘리포니아주에서는 친환경 표시 제품의 구체적인 기준을 제시함으로써 그린워싱의 여부를 판단할 수 있도록 했다. 프랑스 또한 2021년 4월 기후 변화와 복원력에 관한 소비자 코드 리뷰를 통해 그린워싱에 대한 벌금을 부과하는 규정을 마련한 바 있다. 반면 국내에서는 그린워싱에 대한 비판성 기사들이 언론의 사회 면을 장식할 뿐, 아직 이를 처벌할 기준이나 제도는 부재한 상황이다. 녹색을 내세우는 기업들에게 지원과 투자가 몰리고, 친환경 제품을 소비하려는 트렌드 또한 강화되며 친환경 성과를 공시하는 기업은 더욱 늘어날 것이다. 이에 정부는 명확한 기준 제시, 외부 인증을 통한 신뢰성 확보, 위반 활동에 대한 엄격한 처벌로 이어지는 3단계 체계를 통해 기업을 감독할 필요가 있다.

진짜 녹색에 투자하라

최근 몇 년간 ESG가 화제로 떠오르며 관련된 각종 비즈니스가 생겨나고 있다. 가장 활발한 분야 중 하나가 기업의 ESG 데이터를 취합해 분석하는 것인데, 특히 S&P와 무디스 등 국제적인 신용 평가사들이 관련 전문성을 보유한 회사들을 인수해 해당 비즈니스를 확대해 나가고 있다. S&P는 2021년 SAMSustainability Assessment Model의 지속 가능 경영 평가 부문을 인수해 ESG 평가 비즈니스를 확장하고 있으며, 무디스의 경우 같은 해에 캘리포니아주에 본사를 둔 기후 및 재난 리스크 모델링 전문 기업 RMSRisk Management Solutions를 20억 달러에 인수했다. 이러한 신용 평가사들은 기업과 국가의 신용 등급을 책정하는 것뿐 아니라 투자자의 투자 의사 결정을 돕는 재무 정보를 제공하는 역할도 하고 있다. 자산 규모, 매출액, 순이익과 같은 전통적인 재무 정보 제공과 더불어 비재무 정보라고 할 수 있는 ESG 정보를 함께 제공하는 비즈니스가 새롭게 각광받고 있는 것이다.

모든 투자의 핵심은 투자하려는 대상의 데이터다. 국제적으로 활동하는 투자자들이 운용하는 자산 규모는 상상을 초월한다. 세계 최대 규모의 투자 운용사 블랙록Blakcrock이 운용하는 자산은 한화로 약 1경 원이다. 일반인들이 가늠하기도 어려운 금액을 하나의 금융사가 쥐고 있는 것이다. 이러한 대규모 자산을 운용하기 위해서는 투자처 역시 다양할 수밖에 없다. 투자 대상은 부동산이나 인프라와 같은 실물 자산도 있고, 원유나 금도 있지만 핵심은 과거나 지금이나 기업이다. 세계의 수많은 기업에 투자하려면 해당 기업의 데이터를 확보하고, 이를 기반으로 기업의 가치를 산정해 투자 여부를 판단해야 한다.

친환경 성과를 포함해서 기업의 환경·사회·지배 구조에 대한 정보가 기업의 가치와 어떻게 연결되는지는 아직 추가 연구가 많이 필요한 주제다. 다만 기업의 재무 정보를 토대로 기업의 가치를 산정해 왔던 방법과 유사하게, 미래에는 기업의 비재무 정보를 토대로 기업의 가치를 산정하는 체계 또한 마련될 것이라고 생각한다. 전통적인 기업 가치 측정 방법론 가운데 가장 대표적인 것은 기업이 미래에 벌어들일 현금의 흐름을 현재의 가치로 환산해 기업의 가치를 측정하는 현금흐름할인법(DCF·Discounted Cash Flow)이다. 미래를 기준으로 높은 액수의 현금을 낮은 리스크로 벌어들이는 기업의 가치가 높게 측정되는 식이다.

이 방법론을 적용한다면 친환경 성과를 포함한 ESG 성과가 기업 가치에 영향을 미치기 위해서는, 친환경 성과를 창출하는 기업이 그렇지 않은 기업보다 많은 현금을 벌어들인다는 것을 증명해야 한다. 동시에 환경에 악영향을 미치는 기업이 높은 리스크로 인해 높은 요구 수익률을 갖는다는 것을 증명해야 한다. 개념적으로는 당연하게 여겨진다. 그러나 이를 학술적으로 증명하기 위해서는 온실가스 배출권 거래제 등을 비롯해 구체적으로 기업의 어떤 친환경 성과와 어떤 재무적 성과가, 얼마큼의 상관관계가 있는지에 대해 연구할 사항이 산재해 있다.

현재로선 ESG 정보가 비재무 정보로 분류되지만, 궁극적으로는 이 역시 재무 정보의 한 영역으로 포섭될 것으로 보인다. 국제 사회에선 이미 이러한 기조가 형성되고 있다. 노르웨이 국부펀드, 캘리포니아 교직원연금 등 유럽과 미국의 주요 연기금들은 투자 대상 기업의 ESG 수준을 평가하고, 이를 투자 의사 결정에 반영하는 정책을 시행 중이다. 우리나라의 대표적인 기관 투자자인 국민연금도 마찬가지다. 최근에는 기후 변화의 주범인 석탄과 관련된 사업을 영위하는 기업에 투자 제한 기준을 도입하고자 관련 연구를 진행하고 있다. 올해 상반기에 우리 Climate & ESG 팀 또한 해당 연구를 진행했는데, 그 과정에서 다양한 선진국 사례와 국내 상황을 종합적으로 고려한 안을 만들기 위해 머리를 싸맨 기억이 지금까지 생생하다.

한편 투자자도 소비자와 마찬가지로 그린워싱의 피해자가 될 수 있다. 기업이 공시하는 정보를 토대로 투자를 진행하고 그에 따라 수익을 내거나 손해를 보기 때문이다. 이에, 투자자 차원에서도 그린워싱의 피해를 최소화하고자 다음 두 가지를 중점으로 기업을 평가할 필요가 있다.

- 친환경 성과를 얼마나 직접적으로 창출하는가?
- 친환경 성과를 창출하고자 어떤 경영 전략을 펼치는가?

둘은 엄밀한 차이가 있는데, 전자는 기업이 온실가스를 연간 몇 톤이나 줄였는지 분석하는 것이라면 후자는 해당 기업이 온실가스를 줄이기 위한 전략, 목표, 체계를 얼마나 높은 수준으로 상정하고 구현하는지를 보는 것이다. 예컨대 테슬라는 전자에 있어서는 전기차 생산 기업으로서 높은 평가를 받지만 후자에 있어서는 낮은 평가를 받는 편이며, 일론 머스크 테슬라 CEO가 문제를 제기한 ESG의 기준 또한 이 차이에서 비롯한 것이다. 국내의 경우 현대자동차는 최근 출시한 전기차 아이오닉 5로 해외에서 호평을 받고 있는 동시에, 향후 제네시스 브랜드 내 모든 차종을 2025년부터 전동화하겠다고 밝히는 등 후발 전략 또한 본격적으로 추진 중이다. 뿐만 아니라 글로벌 ESG 평가 기관인 DJSIDow Jones Sustainability Indices에서 글로벌 기업으로 선정되는 등 친환경 정책을 갖추고 체계를 마련하는 활동을 병행하고 있다. 현대자동차가 앞으로도 이러한 성과를 유지해 나간다면, 투자자의 관점에서도 친환경 성과의 두 마리 토끼를 모두 잡는 모범 기업이라는 인식이 자리 잡을 것이다.

아직은 친환경 성과를 스스로 측정할 수 있는 기업 자

체가 많지 않은 만큼, 많은 투자자들이 후자 위주로 정보를 수집해 투자처를 결정하고 있다. 다만 전략과 체계를 마련하는 것이 친환경 성과 창출의 필요조건은 될 수 있어도 충분조건이 될 수는 없다. 투자자들 역시 점차 본인이 투자한 기업이 정부 기준에 맞춰 성과를 공시하고, 이를 투자자에게 정확히 제공하도록 요구할 필요가 있다. 결국 차세대 녹색 투자의 핵심은 기업의 친환경 성과에 대한 데이터를 확보하는 것이며, 이는 사회적으로도 그린워싱을 방지하는 가장 실질적인 방안으로 자리 잡을 것이다.

일상을 질문하는 습관

오랫동안 환경 문제에 목소리를 내 온 사람이라면, 누군가 환경 문제에 함께 관심을 갖는 것만으로도 의미가 있다고 생각할 수 있다. 대다수 기업이 환경 오염에 관한 문제를 외면하고 단순히 법적 요구 조건을 충족하는 데 만족하거나 그마저 지키지 않던 시대가 분명히 있었으며, 압축적인 경제 성장을 이룬 우리나라의 경우 이러한 일들은 아주 오래 전 이야기기도 아니다. 그러나 기후 위기와 환경 오염을 바라보는 국민들의 시각 자체가 이제는 달라졌다. 녹색이 곧 자본이 되는 시대에서 기업의 지원, 투자자의 자금, 소비자의 선택이 친환경 기업에 몰리고 있다. 더 이상 그린워싱은 비판을 피해 갈 수 없으며,

그 주축에 선 대중은 스스로 현명한 소비자가 돼야 한다.

투자자와 마찬가지로 소비자는 기업이 제시하는 정보를 토대로 소비 의사를 결정한다. 잘못된 투자 의사 결정으로 투자자가 피해를 입는 것처럼, 잘못된 소비 의사 결정은 소비자에게 피해를 가져온다. 직접적 규제를 가할 수 있는 정부나 대규모 자금을 보유해 기업을 움직이는 기관 투자자와 달리, 개인 소비자의 힘은 상대적으로 작을 수 있다. 하지만 소비자들의 집단의식이 올바른 형태로 구현된다면 기업의 변화를 촉구할 수 있다.

개인으로서 기업이 준용할 친환경 기준이나 이에 대한 정부의 관리 체계를 투자자처럼 알기란 어렵다. 하지만 '친환경 기업'을 자처하는 브랜드의 제품이나 서비스를 접했을 때, 그것이 실제 친환경 성과로 이어지는지에 대해 다음 세 가지 질문을 던져 볼 필요가 있다.

- 친환경 성과를 데이터로 제시할 수 있는가?
- 친환경 성과를 제품의 전 생애 주기 관점에서 측정하고 표기했는가?
- 친환경 성과에 대해 신뢰할 수 있는 기관으로부터 인증을 받았는가?

그린워싱을 판별하기 위해 주어진 집단별 과제

기업	정부
제품을 기획하고 생산하는 단계 검토	기업이 친환경 성과를 올바로 측정하고 공시할 수 있는 기준 제시
제품의 친환경 성과를 창출하는 단계 검토	해당 정보의 신뢰도를 검증할 인증 제도 마련
제품의 친환경 성과를 측정하고 관리하는 단계 검토	잘못된 정보로 소통하는 기업에 대한 규제 및 처벌

투자자	소비자
친환경 성과를 창출하는 기업에 투자	친환경 성과를 데이터로 제시한 제품인지 검토
친환경 경영 전략을 펼치는 기업에 투자	친환경 성과를 생애 주기 관점에서 측정하고 표기한 제품인지 검토
	신뢰할 수 있는 기관으로부터 친환경 성과를 인증을 받은 제품인지 검토

적어도 이 세 가지 질문에 '그렇다'라고 답할 수 있는 제품과 기업이라면, 그린워싱으로 인한 피해를 얻을 확률은 낮아진다. 마트에서 음료수를 살 때, 쇼핑몰에서 옷을 고를 때 해당 제품 정보에 제품 생애 주기 관점에서 측정된 친환경 성과가 숫자로 표시돼 있고 인증 라벨이 붙어 있다면 그 신뢰도가 높아지는 것이다. 제품의 생애 주기와 친환경 성과를 정리해서 소비자 입장에서 한눈에 확인할 수 있는 커뮤니티나 플랫폼이 생긴다면 유용하겠으나, 체계화된 플랫폼은 아직 국내에 등장하지 않은 것이 안타까운 현실이다.

사실 인류의 과제는 결과적으로 굉장히 단순할 수 있다. 풍족하고 편한 삶은 소비와 자원을 필요로 하고, 이러한 소비는 결국 환경에 유해한 물질을 배출하는 결과로 이어진다. 그렇다면 개인으로서 기후 변화에 대응하는 가장 쉽고 확실한 답은 결국 미니멀리즘minimalism일 것이다. 3장에서 친환경 제품을 얘기하며 잠깐 언급한 바와 같이 다른 사람과의 비교, 개인적인 만족을 위한 소비 욕망에서부터 조금은 거리를 두고 꼭 필요한 자원만을 사용하는 습관을 기를 필요가 있다.

그러나 지금 당장 미니멀리즘을 실천하기 어렵다면, 지속 가능한 지구로 향하는 첫 단계는 비판적인 소비자가 되는 것이다. 제품과 서비스의 친환경 성과에 대해 나름의 기준을 갖고 판단하는 소비자가 늘어날수록 기업 차원의 변화를 촉구할 수 있다. 그린워싱을 견제하는 현명한 소비가 취향이나 대세가 아닌 뉴 노멀로 굳어질 때, 사회는 지속 가능한 방향으로 나아갈 것이다.

에필로그

지구에도
마진을 생각할 때

최근 코로나19 사태와 급작스러운 폭우를 겪으며, 6살 된 아들을 둔 아빠로서 영화보다 더한 현실에 두려움이 커진다. 그동안 인류는 지구에 깊은 발자취를 남겨 왔으며, 그 과정에서 인류가 자연에 미친 악영향은 그에 대한 반작용으로 다시 인류에게 돌아오고 있다. 2011년 신종 감염병을 소재로 한 영화 〈컨테이젼Contagion〉이 나올 때만 해도 바이러스로 인한 위협은 영화적 발상이었으며, 2013년 봉준호 감독의 〈설국열차〉 속 기후 대응 실패로 인해 빙하기가 도래한 세상은 먼 이야기 같았다. 하지만 코로나 사태를 겪으며 전염력이 강하고 치사율이 높은 바이러스가 등장하리라는 공상은 현실이 됐으며, 기후 변화로 인해 인류가 감당할 수 없는 자연재해는 하나둘 실질적인 위협으로 드러나기 시작했다.

유의해야 할 사실은 인류의 생존을 위협하는 바이러스와 기후 변화가 서로 긴밀하게 연결돼 최악의 결과를 초래할 수도 있다는 점이다. 기후 변화로 인해 남극과 북극의 얼음이 녹아내리면 단순히 해수면 상승의 문제만이 발생하는 것이 아니다. 얼음 속에 수만 년간 갇혀 있던 바이러스가 세상에 나오게 되면, 이러한 바이러스를 처음 접해본 인류에게는 끔찍한 재앙으로 다가올 수 있다. 또 기후 변화로 서식지가 없어진 동물들이 점점 도시와 가까워지면서, 코로나19와 같은 인수공통 바이러스의 위협은 커지고 있다. 사이비 종교의 종말론과 같은 얘기를 하고 싶진 않으나, 바이러스와 자연재해의 추이를 살펴보면 인류가 경각심을 가져야 할 시대가 도래한 것은 확실하다. 특히나 아이를 가진 부모의 입장에서, 자녀 세대에게 최소한 지금보다 나쁘지는 않은 세상을 물려주기 위해선 현세대의 경각심이 무엇보다 중요하다는 생각이 든다.

누군가는 녹색을 이야기하며 경제적 가치와 재무적 영향을 강조하는 것에 불편함을 느낄 수도 있을 것 같다. 자본의 힘으로 도래한 녹색의 시대는 진정성이 없다고 생각할 수도 있고, 지구를 위해 당연히 수행해야 할 인류의 과제에 이해득실을 따지는 것은 적절치 않다고 생각할 수도 있다. 하지만 이것 한 가지는 확실히 이야기할 수 있다. 적어도 나는 친환경 성과를 비롯해 비재무적 성과를 재무적 성과보다 중요하게 생각하는 기업인은 만나본 적이 없다. 기업의 목적이 주주 가치 극대화라는 경영학적 접근까지 갈 필요도 없다. 당장 수익을 내지 못하거나 비용이 수익을 초과해 손실이 발생하는 기업이라면 아무리 비재무적인 부문으로 우수한 성과를 내더라도 현실적으로 지속하기 어렵다.

물질적 풍요의 달콤함은 그걸 누릴 수 있는 평온한 자연이 건재할 때 의미를 갖는다. 친환경이 트렌드를 넘어 정부 지원과 투자자의 자금, 소비자의 구매로 이어져야 하는 이유다. 우리 사회에 한정된 자원을 허투루 쓸수록, 인류에게 주어진 전 지구적 마진margin은 줄어든다. 실질적인 변화를 만드는 데 필요한 자본과 시간을 낭비할 만큼 우리에게 주어진 시간은 많지 않다. 그린워싱에 대한 올바른 판단과 견제를 시작으로, 이제는 '진짜 녹색'을 논의할 때가 왔다.

주

1 _ 빌 게이츠, 《빌 게이츠, 기후 재앙을 피하는 법(How to Avoid a Climate Disaster)》, 김영사, 2021.

2 _ 자연에서 분해되지 않고 먹이 사슬을 통해 동·식물 체내에 축적돼 면역 체계 교란·중추 신경계 손상 등을 초래하는 유해 물질. 독성, 생물 농축성, 잔류성, 장거리 이동성 등의 특성을 가졌으며 대표적으로 다이옥신과 수은이 있다.

3 _ 금전적 거래 없이 어떤 경제 주체의 행위가 다른 경제 주체에게 영향을 미치는 효과 혹은 현상.

4 _ Hannah Ritchie, 〈Who has contributed most to global CO2 emissions?〉, OWID, 2019.10.01.

5 _ Changing Markets Foundation, 〈License to Greenwash: How Certification Schemes and Voluntary Initiatives are Fuelling Fossil Fashion〉, 2022.03.

6 _ Dr. Maarten Messagie, 〈Life Cycle Analysis of the Climate Impact of Electric Vehicles Author〉, MOBI, 2014.

7 _ Ines Abbas, 〈EU Taxonomy: Commission's expert group says no to EU's greenwashing of fossil gas and nuclear energy〉, WWF, 2022.

8 _ UNECE, 〈Carbon Neutrality in the UNECE Region: Integrated Life-cycle Assessment of Electricity Sources〉, 2022.

9 _ LG화학 지속가능전략팀, 〈지속가능경영보고서〉, 2021.

북저널리즘 인사이드   진짜 녹색에
                          다가서는 여정

논의의 발단은 2009년, 글로벌 친환경 컨설팅사 테라초이스 Terrachoice가 미국, 캐나다, 영국, 호주 시장의 환경성을 조사했을 때로 거슬러 올라간다. 4705개 분야, 1만 419개의 상품 중 무려 95퍼센트가 친환경을 위장하는 것으로 나타나며 '그린워싱', 이른바 위장 환경 주의의 개념이 주목받기 시작했다. 녹색 상품에 대한 의구심은 2000년대 중후반 국내외 친환경 트렌드가 가속화하며 함께 증가해 왔다. 한국소비자원이 지난 2012년 발간한 〈녹색표시 그린워싱 모니터링 및 개선〉에 따르면 소비자들은 녹색 상품을 구매하지 않는 요인으로 '금전적 부담(20.6퍼센트)', '품질이나 성능이 염려됨(18.0퍼센트)'에 이어 '친환경 상품이라는 주장을 믿을 수 없음(16.2퍼센트)'을 꼽았다.

상품 경제에서 녹색의 기준과 효용은 오랜 불신에도 불구하고 지금껏 명확히 정립된 적 없다. 국가별, 단체별로 판단 규범은 상이했고 주로 기업의 자체적인 기준에 의존해 왔다. 개념의 부재는 그린워싱이라는 부작용으로 이어졌고 '진짜 친환경'에 관한 논의는 오랜 시간 구심점 없이 지체됐다.

2017년 《환경과학저널Environmntal Reseaerch Letters》에 게재된 논문 〈The climate mitigation gap〉에 따르면 탄소 배출량을 줄일 수 있는 가장 영향력 있는 방법 네 가지는 채식주의자 되기, 비행기 여행 그만두기, 차 버리기, 자녀 덜 낳기였다.

앞선 세 가지 항목의 1인당 연간 탄소 배출 절감량이 각각 1.1 톤, 1.6톤, 2.4톤이었던 반면 '자녀 덜 낳기'의 절감량은 무려 58.6톤으로 압도적이었다. 한 명의 인간은 우리가 상상하는 것 이상으로 지구에 많은 흔적을 남긴다.

존재 자체가 지구에 해가 된다는 가정하에 환경을 보존하는 가장 확실한 해결책은 불필요한 생산과 소비를 전면 중단하는 길일 테다. 그러나 극단적인 미니멀리즘을 주장하기에 우리는 성장주의에 대한 미련을 버리지 못한 사회에 살고 있으며, 동시에 소비는 시장 경제 사회에서 정체성을 표현하는 중요한 기법이다. 자라zara의 비건 레더 자켓이 없어도, 스타벅스의 리유저블reusable 컵이 없어도 삶은 지속된다. 그러나 소비가 곧 정체성이자 경쟁력이 되는 사회에서 취향과 편리를 포기하고 성장 경쟁의 냉철한 관조자가 되기란 쉽지 않다.

이에 저자는 차선책을 제안한다. 소비를 중단할 수 없다면, 적어도 현명한 소비자가 돼야 한다. 제품을 구매할 때 성분을 꼼꼼히 확인하는 성실함과, 생애 주기라는 거시적인 관점으로 제품을 바라보는 안목이 필요하다. 현명한 소비자는 현명한 시스템 속에서 가능하다. 정부는 친환경의 명확한 기준을 제시하고, 기업은 그에 해당하는 성과를 숫자로 보여 줘야 하며, 투자자는 그 성과가 장기간 지속하도록 기업을 감시해야 한다. 중요한 것은 진가眞假를 판가름할 기준을 만드는 것이며, 핵심은 데이터다.

'선한 취지'라는 성역에 재무적 잣대를 대는 것에 혹자는 거부감을 느낄 수 있다. 그러나 녹색 분야의 성과에 대한 요청은 엄격하거나 불합리한 추궁이 아니다. 지속 가능한 미래를 위한 현실적이고 성숙한 접근이다. '친환경', '에코', '지속 가능'과 같은 키워드에 함몰되어 냉정한 지표를 직면하길 거부한다면 예견된 기후 재난에 대비하는 여정은 또 한 번 지체될 것이다.

근사한 캐치 프레이즈보단 실질적인 변화를 고민할 때다. 성과 없는 진정성은 공허한 외침에 그치거나 의도된 눈속임으로 악용될 소지가 크다. 진짜 녹색을 선별하고 실천하기에도 우리에게 주어진 시간은 부족하다. 진심은 셈할 수 없으나, 진실은 많은 경우 숫자로 드러난다.

이다혜 에디터